Helmut H. Koch / Nicola Keßler

Ein Buch muß die Axt sein

Schreiben und Lesen als Selbsttherapie

Königsfurt

Das Gedicht »Wie man Butter macht« von Mascha Kaléko (S. 117) wurde abgedruckt mit freundlicher Genehmigung des arani-Verlages, Berlin.

Die Deutsche Bibliothek – CIP-Einheitsaufnahme

Koch, Helmut:
Ein Buch muß die Axt sein: Schreiben und Lesen als Selbsttherapie /
Helmut Koch / Nicola Keßler. – Krummwisch: Königsfurt, 2002
ISBN 3-933939-19-4

Originalausgabe
Krummwisch bei Kiel 2002

© 2002 by Königsfurt Verlag
D-24796 Krummwisch
www.koenigsfurt.com

Umschlag: Init, Bielefeld
Satz: Stefan Hose, Eckernförde
Druck und Bindung: FVA, Fulda

ISBN 3-933939-19-4

Einführung

Schreiben

Schreiben im Internet

Lesen

Einführung

und irgendwo
ganz tief in mir
spür ich
den irren Vogel
Hoffnung
flattern
hinter den Gittern
der Vernunft
reißt er die Flügel blutig
an der Wirklichkeit

Dörte Martin

Krisen – Entwicklungen – Lösungen

Krisenhafte Situationen sind feste Bestandteile im Lebenszyklus. Wir alle kennen sie aus eigener Erfahrung: Eine Krankheit zum Beispiel erleben wir als schmerzhaft; der Übergang von einer Lebensphase zu einer anderen mit neuen, ungeübten Aufgaben wächst sich – nicht selten – zu einer Krise aus; in der Regel mehrfach im Leben müssen wir uns verabschieden, uns trennen von Menschen, die wir liebgewonnen haben. Das Gefühl, das in solchen Fällen vorherrscht, ist das der Einsamkeit und Isolation. Einigen von uns gelingt es, die Ängste und dunklen Gedanken schnell wieder abzuschütteln, andere benötigen zur Verarbeitung der Krise längere Zeit, manche bedürfen der professionellen Hilfe, wieder andere – nicht wenige – verzweifeln.

Wer eine schwere Lebenskrise durchgestanden hat, wer hinabgetaucht ist in die Tiefen der eigenen Psyche, der weiß, wie schwierig es ist, wieder hochzukommen und Fuß zu fassen im »normalen« Alltag. Gleichwohl gibt es viele Menschen, die nachträglich berichten, daß sie *ihre* Krise nicht missen möchten. Sie haben die Auseinandersetzung mit Gefährdungen und Abgründen als produktiv für ihre Gesamtentwicklung erlebt. An der Grenze zwischen Gesundheit und Krankheit, Normalität und Wahnsinn, Leben und Tod konzentriert sich die Aufmerksamkeit – soweit sie noch vorhanden ist – auf die wirklich wichtigen, existentiell notwendigen Grundbestandteile unserer Psyche.

Was bei der mal mehr, mal weniger bewußten Betrachtung ans Tageslicht drängt, ist nicht immer stärkend – im Gegenteil, zuweilen fühlen wir uns hineingezogen in einen Strudel widersprüchlicher und schmerzhafter Selbsterfahrungen. Und doch: Die Reise ins eigene Ich, so berichten viele, die sie angetreten haben – manchmal antreten mußten, um zu überleben – lohnt sich. Wer bereit ist, Grenzen zu überschreiten, sei der Übertritt auch noch so schmerzhaft, erhält die Chance, sich an sich selbst anzunähern und seine eigenen Möglichkeiten auszuprobieren. Eine Chance, die in unserer entfremdeten Welt mit ihren vielfältigen Bedrohungen für das Ich selten geworden ist.

Es gibt Menschen, die die Entdeckungsreise ins eigene Ich mit Hilfe der Literatur antreten. Angesichts schmerzhafter, oft lebensbedrohlicher Anforderungen an ihre Person greifen sie zum Stift und schreiben sich ihre Nöte und Hoffnungen buchstäblich von der Seele. Oder sie lesen Bücher, in denen sie sich wiederfinden, Bücher, die ihnen Rat und Hoffnung geben. Wenn wir vom Schreiben und Lesen als Selbsttherapie sprechen, dann drücken wir damit unsere Überzeugung aus, daß viele Menschen sich in psychischen Krisensituationen durchaus selbst zu helfen wissen: Im Umgang mit Literatur liegen therapeutische Chancen, die zu nutzen naheliegen.

Unter »Therapie« verstehen wir im weitesten Sinne die Bereitschaft des Individuums, Störungen in der eigenen Biographie auf den Grund zu gehen, sich vergangene Erfahrungen in ihrer Bedeutung für den gegenwärtigen Alltag zu vergegenwärtigen und abgespaltene Erinnerungen so in die eigene Person zu integrieren, daß sich neue Lebensperspektiven ergeben. Auch der präventive Aspekt des Schreibens und Lesens ist zu berücksichtigen. In der Beschäftigung mit Literatur können persönliche Gefährdungen im Vorfeld erkannt und bearbeitet, eine sich anbahnende Krise kann schreibend bzw. lesend abgefangen werden. Kreativität erwächst gerade aus den »gesunden« Seiten unserer Persönlichkeit. Wir brauchen sie nur zu aktivieren, dann wirken sie stabilisierend auf unser Allgemeinbefinden.

Auf der Suche nach einer Identität, die sich als tragfähig erweist für die Anforderungen, Belastungen und Erschütterungen des Lebens, kommt der Literatur ein hoher Stellenwert zu: als Ausdruck, Suche, Bewußtmachung, Begegnung, Ablösung und Neubeginn. Wir möchten mit diesem Buch dazu ermuntern, sich selbst einmal auf eine Schreib- oder Lesereise zu begeben, um einen Zugang zu verborgenen Gefühlen zu finden, vielleicht auch dem Schmerz auf die Spur zu kommen. Denn, wie Gabriele Rico, eine der bekanntesten Schreibtherapeutinnen der USA, richtig feststellt, »*vor dem Schmerz wegzulaufen nimmt ihm nichts von seiner Schärfe; ihn zu verdrängen macht ihn noch intensiver. Selbstmitleid verstärkt seine Macht über uns. Und anderen die Schuld an unseren Leiden zu geben bringt keine Erleichterung. [...] Was hilft, ist die Energie des Schmerzes in konstruktive Tätigkeit fließen zu lassen*« (Rico 1999). Schreiben und Lesen sind solche Tätigkeiten.

»Ich schreibe. Ich lese. Ich atme. Ich esse. In dieser Reihenfolge. Man könnte mir die Nahrung nehmen, die Luft zum Atmen, vielleicht sogar die Bücher, aber wenn man mir Stift und Papier nehmen würde, ich hätte dem Wahnsinn nichts mehr entgegenzusetzen.«

Dies schrieb uns eine Frau – Christiane Rees – auf unsere Frage hin, welche Bedeutung die Literatur in einer Lebenskrise für sie erfülle. Im Rahmen eines bundesweiten Schreibaufrufs, hatten wir im Frühjahr 1996 die Frage an alle die gerichtet, die aus schwierigen Lebenskrisen einen Weg gesucht oder schon gefunden hatten – alleine, mit Angehörigen, in psychotherapeutischer Behandlung, in psychiatrischen Kliniken. Wir hatten den Schreibaufruf an Zeitschriften, Institutionen, psychosoziale Projekte und an Einzelpersonen versandt. Die Flut von Reaktionen, die er auslöste, übertraf unsere kühnsten Erwartungen und Hoffnungen: Es kamen rund 800 Antworten, 72 % von Frauen. Die Textzahl belief sich auf 4.700, und der Umfang betrug insgesamt ca. 23.000 Seiten.

Allein diese Zahlen machten uns zweierlei deutlich: Zum einen scheint das Schreiben und Lesen in psychischen Grenzsituationen ein Massenphänomen zu sein, zum anderen besteht eine große Bereit-

Schreiben und Lesen

in psychischen Krisen

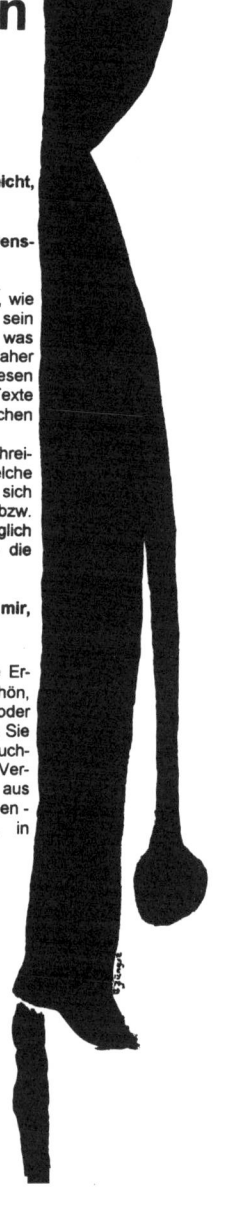

„Wir lesen, und das Buch ist wie ein Haus, und wir merken gar nicht, daß das Hotelzimmer kalt ist." (Emmy Ball-Hennings)

„Dieses Tagebuch war damals ein entscheidendes Mittel, den Leidensdruck abzubauen." (Burkhart Bückner)

Bemerkungen wie diese von Menschen in psychischen Krisen zeigen, wie wichtig Schreiben und Lesen in bestimmten Lebensabschnitten sein können. Es sind vereinzelte Äußerungen, und wir wissen viel zu wenig, was Schreiben und Lesen Menschen in Krisen bedeutet. Wir möchten daher diejenigen, die ähnliche oder andere Erfahrungen mit Schreiben und Lesen gemacht haben, aufrufen, darüber zu berichten. Vielleicht auch Texte beizulegen, die ihnen während ihrer Auseinandersetzung mit psychischen Lebenskrisen wichtig waren.
Wir würden gern unsere Beobachtung weitertragen, daß Lesen und Schreiben in schwierigen Lebenssituationen weiterhelfen können. Welche Wirkung hat das Schreiben/Lesen auf Sie gehabt? Wie haben Sie sich gefühlt - vorher, währenddessen, nachher, jetzt? Gab es Lese- bzw. Schreibbarrieren, die eine weitere Auseinandersetzung unmöglich machten? Entstanden Gespräche über die Lektüre? Wie reagierte die Umgebung auf das Geschriebene?

"Autobiographien von und Gespräche mit Leidensgenossen halfen mir, eine eigene Orientierung zu finden." (Susanne Günther)

Aufruf: Bitte schreiben Sie - anonym oder mit Namen - über Ihre Erfahrungen mit Schreiben und Lesen in psychischen Krisen. Es wäre schön, wenn wir durch die Vermittlung der eingesandten Texte - z.B. in Heft- oder Buchform - zu Hilfe und Selbsthilfe beitragen könnten. In welcher Form Sie schreiben, steht Ihnen frei. Es können Spontannotizen sein oder Tagebuchaufzeichnungen, dokumentarische Erfahrungsberichte oder literarische Versuche, z.B. Gedichte oder Geschichten. Angesprochen sind alle, die aus schwierigen Lebenskrisen einen Weg suchen oder schon gefunden haben - alleine, mit Angehörigen, in psychotherapeutischer Behandlung, in psychiatrischen Kliniken.

Bitte schicken Sie Ihre Texte bis zum **10. Juni 1996** an:

Universität Münster
Dokumentationsstelle Minderheitenkultur/-literatur
Institut für Deutsche Sprache und Literatur und ihre Didaktik
Prof. Dr. Helmut Koch, Nicola Keßler, Karin Heuermann-Spittler
Philippistr. 17
48149 Münster
Tel. 0251/839316, FAX 838369

Der Aufruf wird mitgetragen vom Psycho-Sozialen Zentrum Münster.

Projektförderung: Bundesministerium für Bildung,
Wissenschaft, Forschung und Technologie

schaft, wenn nicht sogar ein starkes Bedürfnis, darüber zu berichten, die eigenen, oft sehr intimen Erfahrungen mit dem Medium Literatur zu veröffentlichen. Viele von denen, die sich an unserer Ausschreibung beteiligt haben, beobachten sich selbst beim Schreiben und Lesen. Sie stellen fest, was die Auseinandersetzung mit der Literatur in ihnen bewirkt und reflektieren sehr differenziert, warum sie in Lebenskrisen schreiben oder lesen. Sie schildern konkrete Schreib- und Lesesituationen und beschreiben ihre jeweilige Schreib- bzw. Lesehaltung. Niemand kann die Wirkungsprozesse der Literatur besser beschreiben als diejenigen, die sie selbst erfahren haben. Deshalb soll in diesem Buch den Originaltexten der Autorinnen und Autoren viel Raum gegeben werden. Sie berichten sehr offen über gelebte Krisen, empfundenen Schmerz, erlittene Verletzungen. Wir begegnen ihnen mit Respekt und Achtsamkeit. Ihre Texte wollen wir nicht nach analytischen oder therapeutischen Kriterien kommentieren oder bewerten. Vielmehr schildern wir in kurzen Zwischenkommentaren unsere eigenen Gedanken und Gefühle beim Lesen solcher Texte, wir vergegenwärtigen uns die Funktionen und Wirkungen von Schreiben und Lesen, und wir ermutigen zur Nachahmung.

An wen richtet sich dieses Buch?

Wir haben dieses Buch in erster Linie für alle diejenigen geschrieben, die sich in einer krisenhaften Lebenssituation befinden und bereit sind, mit Hilfe der Literatur zurückliegende Erfahrungen zu überdenken, eine Sprache für aktuell belastende Empfindungen zu suchen und Möglichkeiten der Neuorientierung aufzuspüren. Dabei ist es unerheblich, ob schon Erfahrungen mit dem Schreiben oder Lesen als Lebenshilfe vorliegen. Um sich auf eine biographische Schreib- oder Lesereise einzulassen, sind keine Vorkenntnisse erforderlich. Was Sie brauchen, ist nur ein wenig Mut, etwas Neues auszuprobieren, die ein oder andere Anregung von Menschen, die bereits schreib- bzw. leseerprobt sind, und eine vorbehaltlose Offenheit gegenüber sich selbst und anderen.

Zugleich richtet sich dieses Buch auch an normal belastete Menschen. Die Texte aus Lebenskrisen, die wir hier abdrucken, haben einen besonderen Wert für alle, die bereit sind für die Aneignung fremder Erfahrungen und eine biographische Selbstreflexion im Spiegel des Anderen. Beim Lesen der häufig extremen und deprimierenden Lebenserfahrungen lassen wir uns immer wieder aufs neue ganz persönlich ansprechen. Wir nehmen die Texte nicht als Beschreibungen fremder Seelenwelten wahr, sondern sie berühren in uns eigene sensible – wunde – Punkte. Sind wir nicht selbst diejenigen, die die Autorinnen und Autoren so eindrücklich beschreiben? Haben nicht auch wir einmal ähnlich gefühlt? Stehen wir womöglich kurz vor dem Abgrund? Sind wir mitverantwortlich an dem geschilderten Schmerz, indem wir wegsehen, ablehnen, uns zurückziehen? Lesend setzen wir uns einem Wechselbad der Gefühle aus, und manchmal fürchten wir, den Boden unter den Füßen zu verlieren. Warum die Wirkung der Texte so nachdrücklich ist, können wir nicht sicher beantworten. Vielleicht, weil wir uns beim Lesen immer wieder zugleich mit dem Fremden – den Texten anderer Menschen – und dem Eigenen – den Schwingungen, die die Texte in uns auslösen, beschäftigen. Wir laden Sie ein, beim Lesen der Texte aus Krisensituationen solche Schwingungen zuzulassen, dem Fremden Eingang ins Eigene zu gewähren und das Eigene gegenüber dem Fremden zu öffnen.

Schließlich haben wir mit unserem Buch auch Leser und Leserinnen im Auge, die in pädagogischen/therapeutischen Arbeitsfeldern tätig sind. Wir haben die Beobachtung gemacht, daß in diesen Bereichen ein großes Interesse an schreib- bzw. lesetherapeutischen Aktivitäten besteht. In psychiatrischen Kliniken und in psychosozialen Projekten, in Einrichtungen der Kinder- und Jugendhilfe, in Schulen mit ihrem wachsenden Anteil verhaltensauffälliger Kinder, in Krankenhäusern und Altenheimen, in Erziehungsheimen und Gefängnissen gibt es Schreib- und Lesegruppen. Allerdings sind die engagierten Einzelpersonen, die solche Gruppen gründen und anleiten, häufig auf sich allein gestellt. Es fehlt ihnen an Anregungen für die Gruppenarbeit, an Austausch mit Kollegen und Kolleginnen, letztlich an einer poesietherapeutischen Qualifikation. Vielleicht finden Sie in diesem Buch ein paar Ideen für Ihre Schreib- oder Lesegruppe, auf jeden Fall werden Sie hier spüren, wie sinnvoll und wichtig ihre Arbeit ist und wie sehr Sie gebraucht werden.

Wir hoffen, allen drei Leser- und Leserinnengruppen gerecht zu werden. Und wir wünschen uns, Ihnen neue Impulse für spannende

Schreib- und Leseerlebnisse zu geben. Wenn Sie uns Ihre persönlichen Erfahrungen mit Literatur mitteilen möchten, wenn Sie Rückfragen haben oder Ihrerseits Anregungen weitergeben wollen, so können Sie sich unter folgenden Adressen an uns wenden:

Prof. Dr. Helmut H. Koch, Dr. Nicola Keßler
Universität Münster
Institut für Deutsche Sprache und Literatur und ihre Didaktik
Arbeitsstelle Randgruppenkultur/-literatur
Leonardo-Campus 11
D-48149 Münster

E-Mail: dokurg@uni-muenster.de

Hinweis

In diesem Buch sind zwei Schriften verwendet worden:

Originaltexte der Betroffenen erkennen Sie an dieser Schrift.

Kommentare, in denen sich der Autor und die Autorin des Buches äußern, sind in dieser Schrift abgedruckt.

Schreiben

Warum schreiben?

Lisa Stiller

Damit die Wunden heilen können, irgendwann

Ich bin nicht im klinischen Sinne krank. Weder organisch noch psychisch. Mit meinem Körper und meinem Geist ist alles in Ordnung. Krank bin ich allenfalls vor Einsamkeit und Trauer, vor Verzweiflung und Ratlosigkeit. Ich sehe mich als eine Person, die in vollkommen nachvollziehbarer und angemessener – man könnte auch sagen: normaler und gesunder – Weise auf das reagiert, was ihr das Leben geboten respektive abgefordert hat. Um es in einem Satz auszudrücken: Das Leben hat es bisher nicht allzu gut mit mir gemeint. Es hat mir einiges zugemutet, nicht selten mehr, als ich zu verkraften in der Lage war. Es hat Mißachtung, Manipulation und Mißbrauch in meinem Leben gegeben, Verlusterfahrungen, psychische Gewalt und emotionale Mordversuche. Auf das, was das Leben und die Menschen mir schuldig geblieben sind, und auf das, was sie mir angetan haben, reagiere ich mit Leid. Ich werde krank, wenn man mich kränkt. Das ist die normalste Reaktion. Obwohl ich weiß, daß alle Organe richtig funktionieren, tut mir oft etwas, manchmal sogar alles weh. Es kommt vor, daß ich mich vor Schmerzen kaum rühren kann und daß der Schmerz in meinem Kopf alles andere verdrängt oder übertönt. Es hat viele Momente gegeben, in denen ich kurz davor war, mich von einer Brücke zu stürzen, weil ich nur noch wollte, daß es aufhört – der Schmerz und dieses Leben, das so viel von mir verlangt und das mich so kaputt gemacht hat.

Ich spüre den Schmerz, aber ich schreie nicht. Ich kann nicht schreien. Mein Leid ist die stille Antwort auf die Gewalt, die ich erfahren habe. Die kranke Gewalt. Aber es muß auch noch eine andere Antwort darauf geben. Eine, die nicht still ist, sondern laut und unmißverständlich. Ich will schreien, doch da ich nicht schreien kann, schreibe ich. Ich schreibe, um mich zu wehren gegen das, was mich krank macht. Ich schreibe, um der Gewalt etwas entgegenzusetzen und um mit den Verletzungen fertig zu werden. Ich schreibe, um Frieden zu finden mit meiner Vergangenheit. Ich schreibe, damit die Wunden heilen können, irgendwann.

Ich habe als Kind alles bekommen und alles gehabt, und doch hat es mir an allem gefehlt, was ich gebraucht hätte, um leben zu können und zu wollen. Nie habe ich das Gefühl gehabt, auf dieser Erde willkommen und am richtigen Platz zu sein. Nie habe ich das Leben als ein Geschenk oder eine Chance sehen können, sondern immer nur als Last und Überforderung. Ich habe mein Leben lang gekämpft wie eine Löwin, gegen viele Widerstände und Widrigkeiten, weil ich glaubte, nicht aufgeben zu dürfen, bevor ich nicht alles ausprobiert hätte. Wie eine Besessene habe ich nach etwas gesucht, was den Mangel beheben und das Loch in meiner Seele füllen könnte. Ich habe vieles unternommen, um eine Antwort zu finden auf die Frage, wozu ich lebe und warum ich so leiden muß. Ich habe die Antwort nicht gefunden. Jetzt, da viele verschlungene Pfade und zahlreiche vergebliche Selbstrettungsversuche hinter mir liegen, bin ich selbst am Ende. Unendlich müde und erschöpft, ratlos und ohne Trost stehe ich nun am Rande meines Lebens. Die Hoffnung, daß mein Leben irgendwann einmal leichter werden und für mich einen Wert darstellen könnte, habe ich verloren. Sogar mich selbst habe ich verloren. Das einzige, was mir nach langem Kämpfen noch geblieben ist, ist das geschriebene Wort – meine Waffe.

Hier, am Scheitelpunkt meines Lebens, an dem ich endgültig nicht mehr weiter weiß, möchte ich nur noch eines: Schreiben – mein Leben aufschreiben und mich auf die lange Reise zu mir selbst begeben. Ich möchte entdecken und verstehen, wer ich bin, die Wahrheit über meine Vergangenheit erfahren und endlich einen Sinn in meinem Leben finden. Und wenn ich nach allem zu dem Schluß kommen sollte, daß es diesen Sinn nicht gibt und daß dieses Leben noch weiter zu ertragen bedeuten würde, mir selbst Gewalt anzutun, will ich mir das Recht nehmen, die schwere Bürde abzuwerfen und endlich zur Ruhe zu kommen, für immer. Das Geschriebene selbst soll die Münze sein, die

die Entscheidung bringt, und der Prozeß des Schreibens die Arena des
Kampfes um mein Leben. Was ich hier vorhabe, ist ein Spiel mit dem
Feuer, und doch ist es alles andere als ein Spiel. Es ist mein letzter
Selbstrettungsversuch. Immer wieder habe ich verzweifelt versucht,
mein Leben zu ändern und mich am eigenen Schopf aus dem Sumpf zu
ziehen. Ich habe versucht, mich zu entwickeln und zu wachsen, trotz
allem. Ich habe Freunde um Rat gefragt und verschiedene Wege ausprobiert. Ich habe auch professionelle Hilfe gesucht, doch mittlerwei-
le scheinen auch die Therapeuten mit mir am Ende zu sein. Sie können
mir nicht mehr helfen. Ich glaube, daß sie mich aufgegeben haben. Die
einzige, die mir jetzt noch helfen und mein Leben retten könnte, bin
ich selbst. Den Willen und die Kraft zum Leben wird niemand aus einem anderen Menschen schöpfen können als aus sich selbst. Ich will
mich aufmachen, nach diesem Willen und nach dieser Kraft in mir zu
suchen. Schreibend will ich mich auf den Grund meiner Seele versen-
ken und dort Ausschau halten nach dem kleinen Senfkorn Hoffnung,
nach einem Hauch von Sinn.

Ich schreibe um mein Leben. Ich schreibe, um mir klar zu werden,
was das ist, worum ich schreibe, und was das ist, was mich auf der anderen Seite so in seinen Bann zieht. Bei diesem letzten Versuch, mein
Leben zu retten, setze ich alles auf eine Karte. Wenn ich mein Leben
retten will, muß ich riskieren, daß ich es verliere. Ein hohes Risiko,
aber die Entscheidung muß getroffen werden. Ich halte es nicht aus,
noch länger an diesem Punkt stehen zu bleiben, mit halbem Gewicht
über dem Abgrund. Was ich tue, ist vielleicht makaber und ge-
schmacklos, vielleicht verwerflich, vielleicht verrückt. Ich tue es dennoch, nicht, weil ich übermütig genug bin, um das Schicksal heraus-
zufordern, sondern weil ich verzweifelt und erschöpft genug bin, mir
nur noch diese letzte Chance zu geben. Ich habe schon so lange
gekämpft. Jetzt ist es genug. Ich bin müde und habe keine Kraft mehr.
Das geschriebene Wort ist die schärfste Waffe, die ich habe. Mit ihr in
der Hand will ich noch einmal einen Kampf auf mich nehmen. Es wird
ein harter Kampf sein. Doch ich weiß, ich habe eine gute Waffe und
bin geübt darin, sie zu gebrauchen. Sie hat mir schon manches Mal
gute Dienste geleistet. Mit ihr in der Hand habe ich mich schon oft erfolgreich verteidigt und viele Kämpfe gewonnen. Ich habe Grund,
mich ihr anzuvertrauen.

Das Wort ist ein zweischneidiges Schwert. Es ist eine gute, aber auch eine gefährliche Waffe. Ich habe sie gewählt, damit sie mein Heil sei oder mein Verderben. Ich will es darauf ankommen lassen und schreiben, was meine Seele mir sagt. Entweder es rettet mich, oder es bringt mich um. Am Ende steht die Entscheidung, mein Wille. Ich will die Wahrheit wissen. Darum schreibe ich. Ich schreibe, um zu erfahren, wohin mein Weg mich führt. Ich schreibe, um mir selbst mein Leben zu erzählen und mir selbst verständlich zu machen, wie ich die geworden bin, die ich bin. Ich schreibe, um die Alternativen sorgfältig abzuwägen und mir der Entscheidung, die am Ende stehen wird, so sicher wie möglich zu werden. Ich spiele nicht um mein Leben, sondern ich kämpfe darum. So sehe ich es. Wer die Geschichte meines Lebens liest, wird mich kennen und verstehen. Er wird wissen, wer ich bin und worum ich gekämpft habe. Er wird nachvollziehen können, warum mir nichts anderes übrig blieb, als diesen Kampf auf mich zu nehmen, und er wird verstehen, warum ich gewinnen mußte oder verlieren.

Ich werde schreiben, und wenn es das einzige oder das letzte ist, was ich in meinem Leben getan habe.

Nur mit dem Wort noch hängend
am seidenen Faden
des Lebens.

Dorothea Schafranek

Atembezirk

Wenn ich das weiße Papier einspanne und die Fingerkuppen die Tasten berühren, kommt etwas wie eine Erlösung über meinen Körper. Den ganzen Tag wie eine Verdurstende nach einem Schluck, wie eine Verhungernde nach einem Bissen, wie eine Verendende nach einem Wort, um es auf Papier zu bringen, und keines kommt an mich heran, ich seufze, bin voll Verzweiflung, bin nicht fähig, die Hände zu heben, zu irgendeinem Tun, bin wie gelähmt, so voll Schlaf, bewegungsunfähig und warte, ich möchte sterben in dieser unproduktiven Zeit, die schneckenhaft abläuft, mich reizt, mich beißt, mich heulen läßt. Erst wenn ich vor dem weißen Papier sitze und es sich mit dunklen Buchstaben zu füllen beginnt, werde ich Mensch, werde jener, der wieder atmen, wieder leben kann, bin auferstanden von den Toten, habe wieder Kraft bekommen, woher, weiß ich nicht. Erst beim ersten Buchstaben fließt die Kraft in mich, die ich gleich abgebe, vorher war sie verschwunden, verschollen, unauffindbar. Jetzt, während ich schreibe, spüre ich, wie ich auch all die anderen Arbeiten, die ungetan warten, tun könnte, ich spüre plötzlich Kraft, die wie blaues Feuer in mir lodert, das nichts verbrennt, sondern kreativ schöpferisch aus mir heraus lodert, auch für all das, was ich vorher nicht tun konnte, und würde jetzt gerne viele Hände haben, um zugleich alles auf einmal zu tun. Diese Unbeweglichkeit, die mich wie eine Krankheit immer wieder befällt, durch die ich durch muß, wie durch einen schwarzen Tunnel, wie durch eine Schwangerschaft, eine Geburt, die auf sich warten läßt, wo alles in mir darauf wartet zu gebären. Es sitzt wie ein riesiger Schmerz mir in der Seele und läßt mich nicht aufrecht gehen im Leben, beugt mich in jungen Jahren und verwirft mein Gesicht in das Grau der Stadt, daß es unkenntlich wird, übergeht in die allgemeine Atmosphäre, wo ich nicht mehr bestehe. Nun aber, wenn die Buchstaben so vor mir her springen, so lebendig und licht, sich vor mir aufbäumen, auftürmen und setzen, bin ich ich, bin im wahrsten Sinne des Wortes durch mein Tun, bin erst durch mein Tun erstanden, wie ein neues Geschöpf aus

Licht, und schöpfe aus dem Nichts alles hervor, aus den gelagerten Bezirken, die übervoll sich mir plötzlich eröffnen, überquellend mich umfließen, auf mich gewartet haben, daß ich sie verbrauche, das Unsichtbare binde und sichtbar mache. Meine ganze Gestalt wird Kraft und Handlungsfluß, es trägt mich auf dem Strom der Arbeit leicht dahin, so bedenkenlos und sicher ohne Beschwerden, ohne Stillstand. Immer wird in mir ein gewisser Rhythmus sichtbar, der sich aufdrängt, täglich vier Seiten, täglich sieben Seiten, immer in der gleichen Form, als wenn ich täglich das gleiche Maß aus einem Glas trinke, den gleichen vollen Teller esse, nur diese Unterbrechungen, wenn ich nicht arbeiten kann, schaffen Risse, wo sich die Form verändert. Nehme ich mir vor, zehn Seiten, dann gelingt es, nehme ich mir nichts vor, gelingt nichts. Es ist, als müßte ich mich selbst programmieren, mir vorschreiben, was ich so frei verfertigen, abgeben will, meine ganze Sehnsucht wird es nicht erarbeiten, mein Wille allein wird es schaffen, meine Disziplin, mich hinzusetzen und auch unter schwersten Voraussetzungen zu beginnen, um zu fassen, was mir erreichbar ist, was meine Pflicht ist. Ich bin nicht, wenn ich nicht schreibe, ich bin nur auf dem Weg dieses Handelns erst begriffen und begreifbar für mich selbst und für andere. Schreiben ist Atmen. Nichts erlöst mich, nur die Sehnsucht, über mich hinauszukommen, meine Trägheit zu durchbrechen, um den Faden wieder zu finden, den ich gestern verloren, als ich zu schreiben geendigt, und wenn ich ihn gefunden, werde ich mich an dem Faden, an dem Seil, an dem roten Blutstrom weiter bewegen, der in mir fließt, Schritt um Schritt so geleitet, so vorgeformt und sicher, das keinerlei Zweifel und Unsicherheit aufkommen, ich so fest begründet bin wie zuvor. Alles Tote beginnt unter meinen Fingern zu sprießen, zu wachsen, es wuchert nur so tropisch hervor aus dem heißen Atembezirk, ich schreibe mit Blut, eine Wahrheit zeitlos in die Buchstaben, die lebendig abläuft, die ich nicht kenne, aus der ich selbst lernen kann. Meine Augen kommen mit Sehen nicht nach, was sich aus mir verfängt und begründet. Ich lebe den Traum des Lebens hellwach, voll Befriedigung, mache sichtbar ohne Zweifel und künde an das Vorhandene, Bauwerk und Luft und Atemkörper, das geistige Gut in der Materie, gesetzt und gewirkt, Gespinst aus dem Tun in einem weiten Nun.

Hildegard Pelzer

Ich lebe ein unmögliches Leben

Ich lebe ein unmögliches Leben.
Ich kann nicht leben.
Schreibend lebe ich.

Literatur als »Atembezirk«. Als »Arena des Kampfes« um ein Leben. Schreiben, um zu überleben. Dieser Anspruch, so überhöht er klingen mag, wird von denjenigen, die ihre eigenen, ganz persönlichen Erfahrungen mit dem Schreiben gemacht haben, immer wieder erhoben. Und er scheint auch eingelöst zu werden. Die Texte aus Lebenskrisen legen darüber ein beredtes Zeugnis ab. Worin besteht die Kraft der Literatur? Welche besonderen Wirkungen zeigt das Schreiben? Warum lohnt es sich, sich darauf einzulassen und es auch dann fortzuführen, wenn Blockaden auftreten und sich uns zuweilen der Sinn des Schreibens entzieht?

In Grenz- und Umbruchsituationen des Lebens bietet das Schreiben Möglichkeiten, Zurückliegendes noch einmal zu reflektieren, sich die gegenwärtige Befindlichkeit bewußtzumachen und zukünftige Möglichkeiten zu entwerfen. Schreibend können Gedanken geordnet, Wahrnehmungen sprachlich faßbar gemacht werden.

»Panik in Gedanken ist manchmal wie ein einziger Satz im Spiegelkabinett. Er scheint tausendfach verstärkt und vermehrt zu sein. Ich empfinde die Situation so groß, alles ist so viel, erschlägt mich. Doch durch die schriftliche Niederlegung merke ich, daß es oft nur ein einziger Gedanke ist. Er wird durch das Papier irgendwie heruntergezogen« (Lisbeth M.).

Besonders wichtig scheint die emotionale Bedeutung des Schreibens zu sein: Wir setzen uns schreibend mit unseren ureigensten Gefühlen auseinander. Angst, Einsamkeit und Schmerz werden auf dem Papier gebannt. Überbordende Gefühle, auch Aggressionen, finden ein Ventil. Drohende Panik kann schreibend abgewendet, andauernde Belastungen können Schritt für Schritt abgebaut werden.

Auch der kommunikative Wert des Schreibens ist nicht zu unterschätzen. In Krisen entstandene Texte können Anlaß zum Gespräch über angstbesetzte Themen sein. Das Schreiben bietet Möglichkeiten, den inneren Rückzug aufzuhalten, die Abkapselung im eigenen Ich zu durchbrechen. Es steht auch dann noch zur Verfügung, wenn andere Kommunikationsformen versagen.

»Das Schreiben ist für mich besonders wichtig, wenn es mir psychisch sehr schlecht geht, wenn ich autistisch zurückgezogen in meiner inneren Welt lebe, nicht mehr fähig bin, überhaupt zu sprechen, geschweige, Kontakt zu einem Nachbarn oder so aufzunehmen, ich

kann manchmal tagelang nicht ein einziges Wort sprechen, weil ich aus mir z. T. noch immer unbekannten Gründen blockiert bin. In solch einer schlimmen Zeit schreibe ich intensiv, so trete ich schriftlich in Kontakt zu meiner Psychologin [...], wenn ich nicht in der Lage bin, zu sprechen oder sie aufzusuchen. Die Briefform ist in solchen Zeiten meine einzige Kontaktaufnahme zu einem anderen Menschen, meine einzige Form des Dialogs und der Kommunikation« (Ines R.).

Wer bereit ist, sich mit seinen Texten gegenüber einer größeren Leser- und Leserinnenschaft zu öffnen, kann das Schreiben als Mittel der Aufklärung über weitestgehend unbekannte, oftmals tabuisierte Lebensbereiche nutzen. Die bundesweit etwa 50 in Psychiatrien und psychosozialen Projekten erscheinenden Zeitungen von psychisch kranken Menschen bieten hierfür ein geeignetes Medium. Eine Liste aktueller Redaktionsadressen verschicken wir auf Anfrage.

»Anhand von Beispielen, von Alltäglichkeiten, von alltäglichen Beispielen, von beispiellosen Alltäglichkeiten will ich beweisen, hinweisen, aufmerksam machen, zeigen, wie man heute mit verrückten Menschen, also mit solchen, die mehr oder weniger von der üblichen Norm und Form abgewichen und abgerückt sind, umgeht. Ich will zeigen, wie man sie behandelt und, indem man sie ›aussondert‹, mißhandelt und so ihrer menschlichen Würde beraubt« (Maria S.).

Das Schreiben erfüllt eine identitätsstabilisierende Funktion. Verunsicherungen, Ängste, offene Fragen und Probleme werden reflektiert, ggf. an das soziale Umfeld weitergegeben und ins eigene Leben integriert. Dabei gelingt es manchen, eine verlorengegangene Beziehung zu sich selbst wiederherzustellen oder gar erstmalig ein Bewußtsein vom Wert der eigenen Persönlichkeit aufzubauen.

»Vielleicht bin ich dadurch – durch Wörter, Sprache, Schrift – ein bißchen mehr bei mir angekommen« (L.B.).

Solche Zeichen inneren Wachstums ergeben sich nicht von heute auf morgen. Sie sind eingebettet in einen langwierigen – häufig auch widerspruchsvollen und schmerzhaften – Prozeß. Es kann immer wieder Zeiten geben, in denen angesichts überstarker Belastungen die Worte versagen.

»Ich hatte zittrige Hände, der Stift ›gehorchte‹ nicht richtig, es war eine richtige Steifheit in den Fingern und den Händen. Man merkte dies alles ja auch allzu gut selbst, wie die Fähigkeit nicht da war und

wie die Schrift aussah. Das ist ja auch gerade der Widerspruch, es wird Depressiven angeraten, Gedanken, Vorstellungen, Wünsche und alles niederzuschreiben, es ging aber einfach nicht, die Unfähigkeit war da, es nicht ausführen zu können« (Anneliese K.).

An verschiedenen Punkten einer biographischen Neuorientierung ist mit Rückschlägen zu rechnen. Das sollte uns indes nicht entmutigen weiterzumachen. Schreibpädagogen und -pädagoginnen empfehlen bei einer beginnenden Blockade, möglichst über sie hinweg zu schreiben: *»›Durch Schreiben im Schreiben bleiben‹ heißt hier die Devise, und die Befriedigung, die das Schreiben verschaffen kann, ist dann nicht selten auch der Motor, der über kurz oder lang die Gefahr einer Blockierung wieder auflöst und uns im Schreibprozeß hält«* (von Werder/ Schulte-Steinicke 1998).

Auch kann es hilfreich sein, zunächst einmal frei über den aktuellen Schreibfrust zu schreiben. Was hemmt mich? Welche Gedanken gehen mir durch den Kopf? Wie fühle ich mich angesichts der sich ausbreitenden Blockade? Wonach ist mir im Moment zumute?

Manchmal lähmt das Gefühl, daß sich mittels Schreiben nur eine Scheinbefriedigung einstellt, sich in Wirklichkeit aber doch nichts ändert. In diesem Fall erweist es sich als lohnend, von Zeit zu Zeit das Geschriebene noch einmal zu lesen, um auch unauffällige Entwicklungen zu registrieren und Möglichkeiten zu erkennen.

»Ich sehe alte Tagebücher durch. Ein Grund, sie weiterzuführen« (Virginia Wolf).

Gerade wenn wir den Eindruck haben, zu stagnieren oder in unliebsame Gewohnheiten zurückzufallen, hilft ein Blick auf ältere Texte, um zu überprüfen, ob wir nicht doch schon ein Stück auf unserem Weg der Selbsterkenntnis und Selbsterneuerung zurückgelegt haben. Die Höhen und Tiefen, die wir durchlaufen, sind ein Zeichen der Lebendigkeit des Prozesses, auf den wir uns schreibend eingelassen haben. Diese Lebendigkeit zu halten und konstruktiv zu nutzen – darin liegt die Kunst des Schreibens.

Sich an Worten festhalten

Michael Rost

Die Notizzettel schrieb ich in der Nacht
vor der Psychose

Ich hatte zwei psychotische Episoden, die erste 1993 und die zweite
ein Jahr später. Ich nehme Lithium und Taxilan und hatte seit 1994
keinen Rückfall mehr. Mein Krankheitsbild wurde als manisch-de-
pressiv diagnostiziert.

Ich habe vor beiden Zwischenfällen geschrieben.

Vielleicht ein paar Erklärungen; ich habe 1980 ein Hochschulstudi-
um abgeschlossen, war dann arbeitslos, bekam schließlich eine befri-
stete Halbtagsstelle als Bibliotheksangestellter in einem theologischen
Institut in Tübingen (Prof. B.), suchte zu dieser Zeit natürlich weiter
einen richtigen Job und war noch unglücklich verheiratet.

Was für mich an den Texten wichtig ist: Bei den Notizzetteln ist es
eine zunehmende Unfähigkeit, mich der Eindrücke, die von außen auf
mich einprasseln, zu erwehren und ihnen eine stabile Instanz entgegenzusetzen, die die Selektion dieser Eindrücke kanalisiert. Ich denke,
daß das Verhältnis Ich – Außenwelt von der Seite des Ichs aus in Auf-
lösung begriffen war.

Ein weiteres Moment, das sich durch beide psychotischen Episoden
zog, war mein verzweifeltes Klammern und Festhalten an Buchstaben
und Namen, als ob dies noch die einzige Möglichkeit war, sich so etwas wie einer Identität zu vergewissern. Ich kann mich deutlich erinnern, daß ich bei der Einlieferung ins Krankenhaus nicht mehr wußte,
wer ich bin und mich ständig mit meinem Großvater und meinem Vater verwechselte. Ich muß auch sagen, daß mein gutes Namensge-

dächtnis, das ich noch vor den psychotischen Episoden hatte, heute irgendwie verlorengegangen ist.

Was fällt mir noch ein: Das Schriftbild ist verändert, ich schreibe normal anders. Das dauernde Hadern mit meinem damaligen Arbeitgeber (Prof. B.) resultierte unter anderem wahrscheinlich aus Streßsituationen, die es damals häufig gab.

Die Notizzettel schrieb ich in der Nacht vor der Psychose. Ich habe vor der zweiten Psychose noch mehr geschrieben und habe festgestellt, daß vieles, was ich damals schrieb, in der Situation logisch und zusammenhängend war, wenn ich es mir aber heute ansehe, ich vieles nicht mehr nachvollziehen kann, es ist mir unverständlich. Ich denke, daß das Schreiben in psychotischen Zuständen einer anderen, eigenen Logik folgt als im Normalzustand: Es ist insgesamt dichter, assoziationsreicher und unzensierter und geht in Richtung des »free writing«, was ich gerne mache. Ob das Schreiben in diesen Situationen eine Ventilfunktion hat, darüber bin ich mir noch im Unklaren.

das Alphabet
ist begrenzt und
erlernbar
A - Z

26 Buchstaben

Zahlen sind
uninteressant

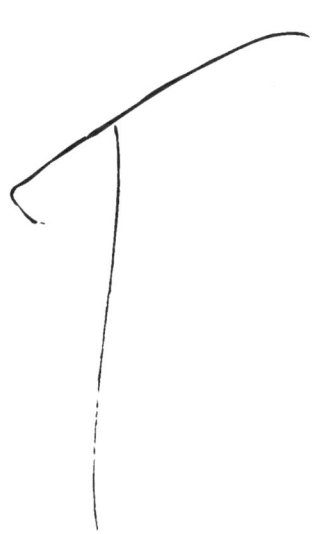

Margret M.

Was nehme ich mir für morgen vor? Was habe ich schon erreicht?

Was nehme ich mir für
morgen vor?

1. nichts essen!

2. 8⁰⁰ Uhr wecken!

3. In mich selbst einfühlen ~~ist egal~~

was die anderen dabei von mir

denken. (siehe Abtritt Rocassa)

4. zur Bank

5. Duschen

6. siehe: Was habe ich schon erreicht!

Was habe ich schon erreicht?

1. Jeden 2. o. 3 Tag duschen und Haare waschen, eincremen.

2. Morgens und abends Zähne putzen

3. Abends 22ºº Uhr ins Bett gehen.

4. Ich nehme mich schon selbst etwas mehr an.

5. Zimmer putzen klappt.

6. Durchhalten des Tagespensums.

7. Übung v. Paul Trampler abends.

Wenn wir etwas aufschreiben, benötigen wir keine feste Form, in die wir das, was wir ausdrücken möchten, pressen. Um einem aktuellen Gefühl, einem flüchtigen Gedanken Ausdruck zu verleihen, müssen wir nicht gleich ein Gedicht, eine Erzählung oder einen Roman schreiben. Vielleicht wollen wir nur eine Idee, ein Wort, einen Vorsatz festhalten. Dann reicht ein kleiner Notizzettel oder die herausgerissene Ecke einer Zeitung. Es gibt Situationen, in denen wir gar nicht in der Lage sind, einen geschlossenen Text zu verfassen. Alles scheint im Kopf durcheinander zu gehen, wir finden keinen roten Faden und kämpfen um Halt und Orientierung. Ein dahingekritzeltes Wort mag dann ein Strohhalm sein, an dem wir uns – zumindest für den Augenblick – festhalten können.

Manchmal sind die Botschaften – niedergeschrieben aus dem Augenblick heraus – erschreckend simpel, erschreckend deshalb, weil man ihnen anmerkt, wie mühsam sie sich der Autor bzw. die Autorin abringen mußte. Es gilt, Handlungsschritte aufzuzählen und zu dokumentieren, um die Kontrolle über den Alltag zu bewahren. Indem wir Leistungen und Pläne notieren, nehmen wir uns selbst in die Pflicht. Dahinter steht die Angst vor dem Absturz.

Nicht immer gelingt es, die Sicherheit eines eigenen Ichs schreibend zu behaupten. Die Folge von Notizzetteln von Michael Rost macht deutlich, wie auch das Schreiben außer Kontrolle geraten kann. Zunächst erkennt man noch das Bemühen, ein System – das Alphabet – aufrechtzuerhalten und auch noch Gefühle auszudrücken: »Ich habe Angst vor meinen Phantasien in der Nacht.« Im Verlauf der Aufzeichnungen aber zerfällt das System immer mehr in Bruchstücke.

Viele der an uns gesandten Texte sind ganz offensichtlich entstanden, ohne durch die Reflexion gesteuert zu sein. Sie sind expressiv, drücken unmittelbar inneres Erleben aus und wurden zum Teil »automatisch« geschrieben. Eine Reihe von Autoren und Autorinnen berichten, wie die Texte – oft nächtelang – nur so aus ihnen »herausgeströmt« seien, wie sich Themen und Motive »verselbständigt« hätten, das »Unbewußte« an die Oberfläche gelangt sei. Solche Selbstaussagen widersprechen der weit verbreiteten Annahme, Schreiben sei verkopft und ermögliche keinen unmittelbaren Zugang zum Gefühl. Mit dieser Begründung wird in der therapeutischen Praxis der präverbale Ausdruck durch Malen, Musizieren oder Tanzen stärker gefördert als der durch das Schreiben. Wir scheinen also umdenken zu müssen: Schreiben erfolgt nicht immer über den Umweg der Reflexion, sondern passiert oftmals unmittelbar authentisch, unbewußt und subjektiv wahrhaftig. Dieses Potential auch therapeutisch zu nutzen liegt nahe.

Wenn es gelingt, die eigenen Gedanken fließen zu lassen, sie unzensiert aufs Papier zu bringen, auch ungewöhnliche und unlogische Assoziationen zuzulassen, merken wir bald, wie all die Einzelaspekte doch miteinander verknüpft sind, wie sich das eine aus dem anderen ergibt oder daß sie sich stark polarisierend zueinander verhalten. Aus dieser Erfahrung wurde eine Technik entwickelt, die es ermöglicht, Ideen und innere Bilder graphisch so abzubilden, wie sie uns spontan in den Sinn kommen, um nachträglich ihre wechselseitige Vernetzung zu überblicken: das Clustering. Dabei werden von einem sogenannten Kernwort in der Mitte des Papiers ausgehend die Gedanken und Gefühle zu diesem Kernwort in der Reihenfolge ihres Auftauchens netzbildförmig aufgenommen, solange Platz auf dem Papier ist. So erhalten wir die Möglichkeit, gezielter auf die Assoziationen zuzugreifen, die uns gerade besonders beschäftigen oder belasten (von Werder/ Schulte-Steinicke 1998).

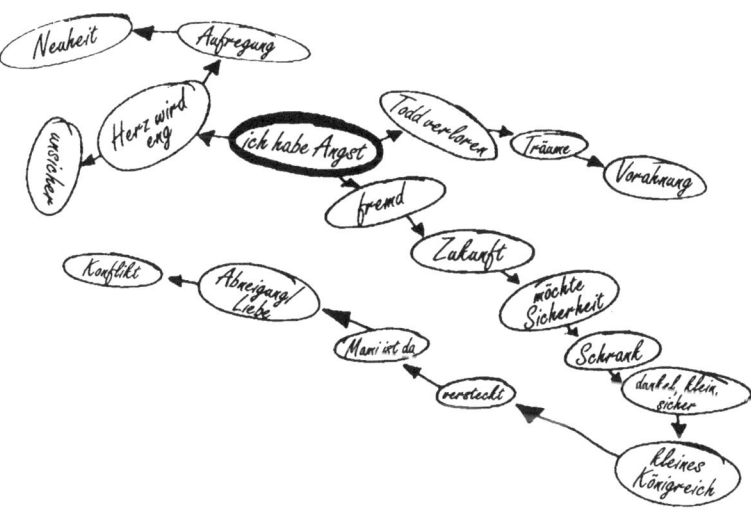

Rico (1999): Von der Seele schreiben. Im Prozeß des Schreibens den Zugang zu tiefverborgenen Gefühlen finden, Paderborn.

Schreiben von Tag zu Tag

Erika K.

Es schrieb aus mir heraus

Angst
Ich spüre dich
Du versuchst wieder, dich zwischen meine
    Gedankenwelt zu schieben
Ganz langsam kriechst du in mir hoch
In meinen Zehen beginnst du deine Eroberung
Unaufhaltsam schleicht dein Gift
Du schüttest es aus in die entlegensten Winkel
    meines Körpers
Ich kann nicht mehr nachdenken ohne deine
    Kontrolle
Du lenkst meine Gedanken
Du nimmst sie auf
Sie werden von dir umgeformt
Es sind nicht mehr meine Gedanken
Ich denke nicht mehr
Ich werde von dir gedacht
Laß mir noch ein Stückchen von mir selbst
Ich muß mich doch an mich erinnern können!
Ich krampfe mich zusammen, ich rolle mich ein,
    um mich herum wird alles dick
Du kommst aus jedem Muskelkrampf unbescha-
    det heraus

Wie machst du das?
Welche Bahnen meines Körpers hast du dir als
    Straßen ausgesucht?
Es wird kälter, du erreichst mich, ich friere
Du setzt dich in mir fest, du breitest dich aus, du
    nimmst mir meinen Platz
Du vertreibst mich aus meinem Ich.
Du bist Herr meiner Gedanken
Du nimmst meine Gedanken mit dir
Du stellst meine Gedanken vor mich hin
Du löst sie aus mir heraus
Die Gedanken wuchern, sie bilden Karzinome
Sie entfernen sich und werden doch größer
Sie formen sich, sie kommen auf mich zu
Ich werde mich ihnen stellen
Ich greife nach ihnen
Ich muß sie zurückhaben
Ich muß sie einordnen
Ich muß sie mir unterordnen
Ich berühre sie – sie zerplatzen
Sie sind mir endgültig verlorengegangen
Ich höre ein hämisches Lachen
Ich blicke in die Richtung
Ich schreie.
Die Angst hat Gestalt angenommen

Erika K.

Schreiben

Schreiben.
Die ganze Nacht schreiben.
Die Sehnsucht in Worte verwandeln.
Ungehört.
So bleiben die Worte nur Worte.
Die Sehnsucht verschlossen in das Herz,
das schlägt und schlägt in die Nacht hinein
und vergeblich nach einem Echo horcht,
das von deinem Herzen ausgehen könnte.
Das Schreiben
der Nacht
wird zu einem stummen Schrei,
der das Innerste der Seele erschaudern läßt,
daß es sich zusammenzieht und atemlos hofft:
Ein neuer Tag möge den Schrei ersticken und das
    Leben wecken.

Es handelt sich bei diesen Texten um einige Auszüge aus meinen Tagebuchaufzeichnungen, in denen ich 1977 ungefähr ein Jahr lang mein Erleben von Depression und Angst bzw. Panik festhielt.

Da ich in dieser Zeit mehr und mehr den Bezug zur Realität verlor und in meine Innenwelt abzudriften drohte, waren andere Menschen zwar wichtige Bezugspersonen, doch mein eigentliches quälendes Ringen um mein Überleben in den Panikattacken und den dumpfen Zeiten tiefster Depression konnte ich ihnen nicht mitteilen. Ich war bereits verstummt und lebte in einer anderen Welt.

Ich hatte zuvor nie viel geschrieben, aber reichlich gelesen. Letzteres war mir nicht mehr möglich, denn ich konnte mich nicht konzentrieren und rutschte bereits nach kurzer Zeit gedanklich weg.

Irgendwann saß ich da vor einem leeren Heft, und es schrieb aus mir heraus.

Oft tauchte ich für Stunden in meine mir fremde und doch so vertraute Innenwelt. Je weniger ich die Realität wahrnahm, desto plastischer formten sich die Bilder vor meinen Augen, wenn ich in mich hineinblickte. Ich begann, Worte zu finden für das, was ich wahrnahm und mich und meine Umwelt sprachlos machte. Mein Tagebuch wurde zu meinem Verbündeten und intimen Vertrauten, dem ich mich ungeschützt offenbaren konnte. Mein Rückzug zum inneren Erleben und der Versuch, eine Sprache zu finden, halfen mir, meine Gedanken, Gefühle, Körperempfindungen zu äußern, zu veräußern.

Ich habe oft die Erfahrung gemacht, daß es mir nach solchen Schreibphasen besser ging und ich mich weniger eingeengt fühlte, wenn auch nur für eine sehr begrenzte Zeit. Während des Schreibens empfand ich mich manchmal lebendiger, vor allem, wenn ich an meine Gefühle kam und sie bedingt zulassen konnte. Ich weiß auch, daß meine Magenkrämpfe allmählich verschwanden und es mir gelang, meinen Sektkonsum nach und nach einzuschränken.

Leere und düstere Stunden konnten z. T. mit dem Schreiben gefüllt werden. Ich hatte eine Aufgabe, die ich sehr ernst nahm, denn es ging ja um mich. Das Schreiben half mit, mein Leben zu retten, das sich auf einer schmalen Gratwanderung zwischen Leben und Tod bewegte.

Besonders jetzt in der Rückschau aus einer »gesunden« Distanz wird mir die lebensrettende Funktion des Schreibens sehr deutlich.

Die Menschen in meiner Umgebung haben mich zwar so gut sie es vermochten gestützt, jedoch waren sie in den bedrückendsten Stunden für mich nicht erreichbare Ansprechpartner.

Lisbeth M.

… und es läßt sogar dieses winselnde Kind in mir zu Wort kommen

Ich bin 42 Jahre alt und mache seit Januar 1994 eine Psychoanalyse. Auslösend war eine Gedächtnisstörung, die mich veranlaßte, einen Neurologen zu konsultieren. Der stellte alsbald zu meiner Überraschung die Diagnose: Depression. Bisher hatte ich mir so etwas nie eingestanden. In meiner Familie hat man gesund und vor allem leistungsstark zu sein. Es hat noch einige Zeit gedauert, bis ich mich zu einer Analyse überwinden konnte. Doch die zunehmend auftretenden tiefen schwarzen Löcher, in die ich immer mehr fiel, ließen mir schließlich keine Wahl.

Seit Beginn dieser Analyse ist das Schreiben mein therapeutischer Begleiter.

Es kommt häufig vor, daß ich in Spannungszuständen bin. Früher habe ich solche Situationen mit Arbeit oder sozialem Engagement überwunden.

Heute setze ich mich hin und schreibe. Der Anfang ist, besonders in Krisensituationen, oft sehr schwer. Doch schon bald komme ich in einen Schreibfluß, der mich selber überrascht.

Mitten im Schreiben falle ich manchmal in ein fast kindliches Denken. Da verändern sich die Texte. Ich schreibe plötzlich nicht mehr über etwas, sondern ich spreche aus der Situation des Kindes. Ohne Hilfe des Schreibens wäre mir das mit Sicherheit niemals eingefallen.

Zum Beispiel mein Tagebucheintrag vom 21.7.96

Schon wieder kommt diese Angst. Es gibt fast nichts Schlimmeres, als wenn ich sage, daß es mir nicht gutgeht. Man darf es nicht sagen. Das ist ein Verbrechen. Da werde ich schuldig. Wenn ich traurig bin, wenn ich sage, daß mir etwas fehlt, wenn ich mir was wünsche (Zeit z. B. oder: Rosemarie geht mit ihren Eltern spazieren).

Das könnten wir doch auch mal tun. So etwas wäre schön, wenn ich so etwas sage, dann verliere ich. Schlimm. Es wird drohend dunkel. Panik. Furcht. Ich darf so etwas nicht sagen. Es geht mir gut. Ich bekomme alles, was ich brauche. Ich bin undankbar. So darf ich nicht sein. Es geht mir gut. Ich fühle gar nichts. Wirklich. Ich bin nicht traurig. Ich bin groß und stark. Alles ist gut! Panisches, schnelles Bemühen. Wenn ich sofort reagiere, geht das Dunkel weg, und man sieht wieder einen Himmel. Man kann wieder leben. Mama beruhigt sich wieder. Alle bösen, bedrohlichen Wellen gehen zurück. Aufatmen. Nochmal geschafft. Mir gehts gut. Wimmern. Mir gehts gut. Keiner soll böse sein, es ist doch alles gut. Die Situation hat sich beruhigt. Nochmal gutgegangen. Nie wieder was sagen. Nie wieder sagen, daß es mir nicht gutgeht.

Schon wieder bin ich in so kindliche Gefühle gefallen. Wie kam ich denn da drauf? Ach ja, wegen dem Ärger. Ich hatte keinen Ärger auf Frau R.

Die Analyse wird mir zu anstrengend. Alles ist Spannung. Ich erinnere mich an das Nestgefühl von früher. Ich weiß, daß es war, aber ich kanns mir nicht mehr vorstellen. Wo soll es denn in meinem Leben ein Nest geben. Ausruhen. Es gibt nichts zum Ausruhen. Auch nicht die Stunden. Überall ist Furcht, ist eine Spannung, ein Aufpassen- Müssen, und ist totale Erschöpfung. Und die Stunden können nicht helfen. Frau R. kann auch nichts tun. Es gibt keinen Ausgang. Ich muß drin bleiben. Alle Möglichkeiten, aus dieser Situation rauszukommen, etwas zu verändern, diese Enge, dieses Dunkle loszuwerden, alles das gibt es nicht. Es gibt keinen Weg raus. Ist alles nur Illusion. Ist alles nur vergebens. Ist alles nur vergebliche Anstrengung. Alles umsonst. Aussichtslos. Hoffnungslos.

Aber das Leben fordert jeden Tag weiter. Fordert immer mehr. Immer mehr. Der Berg wird immer größer. Irgendwann erdrückt er mich. Aber das ist gleichzeitig auch der einzige Ausweg.

23 Uhr

Kein Schmerz. Kein Gefühl. Keine Sehnsucht. Keine Hoffnung.

Außen ist alles normal. Ich spiele meine Rolle gut. Morgen werde

ich arbeiten, übermorgen ist Analyse. Aber ich spüre nichts. Gar
nichts. Noch immer brennen meine Augen. Ich spüre ungeweinte Tränen. Aber nur in den Augen spüre ich die Sehnsucht nach Weichwer-
den. Ansonsten bin ich leer. Alles ist tot. Alles ist so sinnlos.

Vorhin habe ich mir Gedanken gemacht wegen der Verlängerung
der Analyse. Darf ich Frau R. überhaupt wegen eines Gutachtens
bemühen?

Ist es überhaupt richtig, weiterzumachen?

Ich weiß nicht, ob es für jemand Außenstehenden erkennbar ist. Aber
in diesem Eintrag vom 21. 7. 96 vermischen sich ständig Gefühle aus
meiner Kindheit mit dem Text der Gegenwart. Und die Gefühle von
Angst und Um-Verzeihung-Bitten, und vor allem die Beteuerungen,
daß es mir gutgeht und ich keine Bedürfnisse habe, weil ich nicht
schuld sein will, kommen so tief aus mir raus und tun auch ganz schön
weh. Ohne die Hilfe des Schreibens käme ich nie auf so einen ver-
wirrten, kindlichen Text. So etwas würde ich nicht einmal denken.

Meine Einträge überraschen mich meistens sehr. In meinem Er-
wachsenen-Alltag bringe ich nach wie vor Leistung, bin beherrscht
und kontrolliert.

Doch im Schreiben schreit und weint plötzlich ein Kind. Das Geschriebene wird von meinem Verstand irgendwie überhaupt nicht
kontrolliert.

Oft habe ich auch vor, ganz etwas anderes zu schreiben. Nur den
Inhalt der Stunde vielleicht. Doch schon nach ein paar Sätzen macht
es sich selbständig. Und ich beginne, über etwas zu schreiben, das mir
vorher gar nicht als wichtig vorgekommen ist. Doch nach dem Eintrag merke ich, wie sehr es in mir gearbeitet hat.

Es ist auch noch zu sagen, daß ich oft keinen Zugang zu meinen Gefühlen finde. Ich weiß, daß mir meine Therapeutin den Rahmen und
die Möglichkeit gibt, einmal wirklich meine Trauer zu zeigen. Ich
glaube, sie hofft sogar darauf, daß ich einmal loslasse. Sie sagt, daß sie
es natürlich finden würde, wenn ich meine Trauer irgendwie zeigen
könnte. Aber es geht nicht. Es ist im Gespräch nicht möglich. Ich würde es mir oft selber wünschen. Doch sobald ein Gefühl der vergrabe-
nen Trauer in mir aufkommt, konzentriere ich mich und bleibe ver-
krampft im Kopf. Ich werde betont logisch und sachlich.

Beim Schreiben ist es anders. Es öffnet mein Gefühl, und es läßt sogar dieses winselnde Kind in mir zu Wort kommen.

Während des Schreibens fühle ich auch. Sogar Weinen ist möglich. Ich sitze da, der Stift rennt übers Papier, und die Tränen fließen sehr oft.

Ohne Schreiben geht das nicht. Die Trauer und das Fühlen finden kein Ventil.

Für die Analyse ist das Schreiben sehr wertvoll. Ich habe nun fast fünf Ringbücher voll geschrieben.

In »gesunden« Zeiten lese ich das Geschriebene noch mal durch. Ich kann erkennen, was vor einem »Tief« in mir vorgegangen ist, was dieses »Tief« vielleicht ausgelöst hat. Ich arbeite mit den Texten, streiche auffällige Wiederholungen an.

Im September 1994 ist mir zum ersten Mal aufgefallen, wie oft ich das Wort »halten« in meinen Einträgen benutzt habe. Ich habe mir dann ganz bewußt alle diese Wortwendungen herausgeschrieben. Einige Auszüge:

»Ich muß mich mit harter Hand halten, sonst werde ich schutzlos, verletzbar.«

»Ich muß mich selber halten, ich verliere sonst. Das ist Selbsterhaltungstrieb ...«

»Diese leere Hülle darf nicht zusammensinken, sondern hat zu leben. Ich muß sie aufrecht halten.«

»Nie mehr will ich mich in etwas einhalten. Nichts Äußeres soll mir Halt geben.«

»Ich werde mich nie wieder wo einhalten.«

»Ich muß mich und alles, was geschieht, kontrollieren. Nur so kann ich mich halten.«

»Ohne Schutz der Analyse muß ich mich wieder hart machen. Diese böse und harte Art, mit mir umzugehen, gab mir doch immer Sicherheit, Schutz und Halt.«

»Wenn man sich nicht bewegen läßt, spürt man auch nichts«

»Ich darf mich nicht an meiner Therapeutin einhalten!! Ich darf nichts erwarten, ich darf nichts fordern. Ich darf nicht!! Ich habe Angst!! Ich darf mich nirgends einhalten!! Ich muß mich selber halten. Sie soll weggehen.«

Nur durch dieses Bearbeiten ist mir aufgefallen, welche Bedeutung das Wort »Halten« oder »Haltung« für mich hat.

In schwierigen Tagen, wenn ich spüre, daß die Dunkelheit sich erneut in mir breitmachen will, schaffe ich es manchmal, durch das Schreiben Ordnung in meinen Kopf zu bekommen. Durch das geschriebene Wort wird die aufsteigende Panik deutlich, wird sichtbar. So kann sie nicht mehr wie ein unsichtbares Gespenst von mir Besitz ergreifen.

Panik in Gedanken ist manchmal wie ein einziger Satz im Spiegelkabinett. Er erscheint tausendfach verstärkt und vermehrt zu sein. Ich empfinde die Situation so groß, alles ist so viel, erschlägt mich.

Doch durch die schriftliche Niederlegung merke ich, daß es oft nur ein einziger Gedanke ist. Er wird durch das Papier irgendwie heruntergezogen. Er nimmt nicht mehr von mir Besitz, macht sich nicht mehr über mir breit.

Zum Beispiel mein Tagebucheintrag vom 5.4.96

Dann wollte sie mir noch zwei Mini-Golfschläger und zwei Körbchen mit Golfbällen für die Jungs als Ostergeschenke mitgeben. Ich hab gesagt, daß sie so etwas nun wirklich nicht brauchen. Da war sie beleidigt. Sie hat diese Dinge vom Minigolf übrig. Warum macht sie sich nie Gedanken darüber, was die Menschen wirklich mögen! Nie schenkt sie so etwas. Auch ich krieg nur immer Dinge, die ihr im Weg sind. Dinge, die sie selber nicht mehr mag. Nie! Nie macht sie sich Gedanken über mich. Ich werde behandelt wie ein Stück Dreck, und so fühl ich mich auch meistens.

Ja, genau so. Sie behandelt mich wie etwas Minderwertiges. Und genau so fühle ich mich auch. Minderwertig. So verdammt noch mal mies und minderwertig.

Ich bin fix und fertig.

Zwei Begriffe treten vor.

Meine Eltern vermitteln mir:

Ich habe keinen Anspruch (auf Leben, auf Liebe, auf alles).

Sie behandeln mich wie minderwertig.

Das war jetzt schon wieder schwer zu schreiben, weil ich gedacht habe, ich bin ja wirklich nichts wert. Ich muß mich erst darum bemühen, wertvoll zu sein.

Aber jetzt mal raus aus dem Gefühl und rein in den Kopf. Es

stimmt: Ich fühle mich ganz erbärmlich minderwertig. Aber ... Haltung ... Kopf einschalten ...! Ich werde wie minderwertig behandelt!! Wenn wer minderwertig behandelt wird, fühlt er sich deswegen minderwertig! Aber das kommt ausschließlich von der Art und Weise, wie er behandelt wird. Er muß nicht minderwertig sein. Dieses Gefühl kann unterbrochen werden.

Ursache und Wirkung. Ich bin nicht minderwertig. Ich werde nur minderwertig behandelt. Das sollte ich mir einrahmen und unters Kopfkissen legen.

Mein Kopf zerspringt. Ich denke langsam und wie abgehackt. Ich schlage etwas zu Scherben. Ich schlage unsichtbare Gefängnisse aus Glas kaputt. Meine Vernunft gegen all das schlechte Gefühl. Vernünftige Logik und Erklärung gegen all das kleine, winselnde, elende Niedergeducktsein. Ich werde minderwertig behandelt. Die Behandlung ist so. Nicht das Ding selber. Ich schlage das Gefängnis aus Glas kaputt, und wenn alles zersprungen ist, kann ich mich gerade aufrichten und gerade stehen. Aufrecht stehen. Schuldlos stehen.

Und ganz oft bin ich durch die schriftliche Arbeit auch fähig zum Lernen. Ich konnte die Gedanken festhalten, kann sie ansehen. Dadurch entsteht Klarheit in meinem Kopf, und, so hoffe ich wenigstens, auch immer mehr in meinem Gefühl.

Ich sehe klar, streiche mir wichtige Gedanken an und lese diese auch immer wieder mal durch. Z. B. brauche ich nicht ständig Angst davor zu haben, daß mich meine Vergangenheit wieder verletzt.

Für viele Menschen stellt das Tagebuch einen wichtigen Begleiter durch die Höhen und Tiefen eines Lebenszyklus dar. Neueren Umfragen zufolge führt ein Drittel aller deutschen Jugendlichen ein Tagebuch (von Werder/ Schulte-Steinicke 1998). Diese Schreibaktivität läßt später – wenn die Hürde zum Erwachsenenalter überwunden zu sein scheint – zunächst wieder nach, sie erwacht jedoch oftmals in dem Augenblick zu neuem Leben, wo die alltägliche Routine ins Stocken gerät, gewohnte Denk- und Verhaltensmuster nicht mehr tragen, und die Unzufriedenheit mit dem Hier und Jetzt eine Neuorientierung notwendig erscheinen läßt. In einer Lebenskrise kann das Tagebuch als »seelischer Mülleimer« genutzt werden, den fehlenden Gesprächspartner/die fehlende Gesprächspartnerin zumindest zeitweilig ersetzen oder als Medium der Selbstreflexion dazu beitragen, komplizierte Situationen besser zu verstehen und zu bewältigen.

Lutz von Werder und Barbara Schulte-Steinicke stellen in ihrem lesenswerten Buch »Schreiben von Tag zu Tag. Wie das Tagebuch zum kreativen Begleiter wird« (1998) folgende Aspekte heraus, die das Tagebuch zu »einem wertvollen Motor innerer Entwicklungsprozesse« machen:

»Das Tagebuchschreiben kann einen Menschen mit Wahrheiten über das eigene Leben vertraut machen, weil es im Tagebuch möglich ist, sich offen, ohne große Angst vor Sanktionen zu äußern. Dadurch hilft es längerfristig dabei, sich selbst im Hier und Jetzt besser verstehen zu lernen und auch schrittweise die eigene Lebensgeschichte aufzuarbeiten. Das Tagebuch ist ein sehr konkreter und stets zuverlässig verfügbarer Begleiter auf der langen Lebensreise. Als ein solcher kann es, kontinuierlich genutzt, helfen, Vertrauen in die eigenen Fähigkeiten und Gelassenheit Lebensfragen gegenüber zu entwickeln. Letztlich kann so Tagebuchschreiben helfen, das eigene Bewußtsein kontinuierlich weiterzuentwickeln, die Kenntnis des eigenen Unbewußten zu vergrößern und auch die meditativen Prozesse von Selbsterkenntnis zu unterstützen. Schließlich: Meist beginnt das Tagebuchschreiben in einer Lebenskrise. In dieser Situation hilft es häufig, durch das Ausdrücken von Gefühlen und Gedanken, durch das Definieren und Ausloten von Lebensmöglichkeiten und durch das Überwinden von Blockaden, Probleme konstruktiv zu managen und als Wachstumsimpulse zu nutzen« (von Werder/ Schulte-Steinicke 1998).

Das Tagebuch bietet sich vor allem für den unzensierten Ausdruck konflikthafter Innenwelten an. Die Voraussetzung des Schreibens besteht für Tagebuchschreiber und -schreiberinnen oftmals darin, daß niemand ihre Texte liest. Manche reden ihr Tagebuch wie einen guten Freund/eine gute Freundin an, dem bzw. der sie ihre privatesten Gedanken und Gefühle anvertrauen.

»*Das Gefühl, niemand redet dort hinein oder befindet über Form und Inhalt, ist einmalig. In meinen Tagebüchern genieße ich meine Freiheit, alle Unverschämtheiten – Verstöße gegen Norm und Sitte – aufs Papier zu bringen, die viele Menschen eventuell nicht mal zu denken wagen*« (Almut P.).

Umso erstaunlicher ist es, daß uns auf unseren Schreibaufruf hin sehr viele Menschen ihre ganz persönlichen Tagebuchaufzeichnungen geschickt haben. Ganze Kisten voller Tagebücher sind bei uns angekommen. Manchmal erschien uns die Übersendung der Schriften wie ein Akt der Befreiung. Um neue Wege gehen zu können, müssen sich manche Autoren und Autorinnen erst von dem Ballast der schriftlich verarbeiteten Erfahrung lösen. Dazu entwickeln sie z. T. kompromißlose Methoden:

»*Ich habe alle meine Aufschriebe verbrannt. Das erste Mal war ich 18. Da waren es ca. 200 Hefte und Bücher. Das zweite Mal war ich 23. Da dauerte es zwei Abende vor dem Bollerofen. Das letzte Mal war es voriges Jahr. Da waren es nur zwei Obstkisten voll. [...] Verbrennen ist befreiend. Es ist eine Häutung. Es macht einen von jeder veralteten Aussage frei, hebt die Festlegungen auf, durchbricht den Kreislauf, macht eine neue Identität möglich. Es wären aber auch andere Schritte nach dem Schreiben denkbar: zukleben, einschließen, verschicken, veröffentlichen ...*« (Astrid D.).

Die Beziehung, die Sie zu Ihrem Tagebuch aufbauen, hängt davon ab, wie Sie es anlegen und welchen Gewinn Sie sich davon versprechen. Je nachdem, ob Sie in Ihrem Tagebuch zurückliegende Tageserlebnisse festhalten, ob Sie Pläne für die nähere oder weitere Zukunft notieren, ob Sie spontan Ihre Gefühle und Gedanken aufs Papier »schütten« oder sich darum bemühen, Ihre »Ergüsse« zu strukturieren, wird Ihr Tagebuch ein unterschiedliches Gesicht bekommen. Sie können Ihr Tagebuch bewußt selbsttherapeutisch anlegen, indem Sie genau darauf achten, was Ihnen guttut und sorgsam mit Ihren »wunden Punkten« umgehen. Lutz von Werder und Barbara Schulte-Steinicke weisen in ihrem Buch übers Tagebuchschreiben darauf hin, wie Sie sich schreibend an verschiedenen psychotherapeutischen Ansätzen orientieren können (von Werder/ Schulte-Steinicke 1998). Oder Sie erproben kreative Schreibformen und verfassen ein literarisches Tagebuch. Vielleicht haben Sie sogar Lust, in Ihrem Tagebuch zu philosophieren, indem Sie auf abstrakter Ebene die Beziehung des Ichs zur Welt, seine Chancen und Gefährdungen reflektieren.

»Alles, was aus der Lebensgeschichte auftaucht, Szenen, Bilder, Gefühle usw., aber auch, was in der Gegenwart aktuell erlebt wird, ist es wert, aufgeschrieben zu werden. Ein Tagebuch kann sehr unterschiedliche Aussageformen enthalten, von der protokollartigen Kurznotiz bis zum Gedicht oder auch zu freien Texten, von Liebeserklärungen bis zu Haßausbrüchen und Publikumsbeschimpfungen« (Gudjons/ Pieper/ Wagner 1992).

Manche Schreibpädagogen und -pädagoginnen plädieren für eine strenge Strukturierung des Tagebuchs. Sie warnen davor, sich noch tiefer ins Leid hineinzuschreiben bzw. sich im ungebundenen Schreiben zu verlieren. Um solchen Gefahren entgegenzuwirken, schlagen sie vor, den Schreibprozeß in kleine Portionen einzuteilen und das Tagebuch in Abteilungen zu untergliedern, die einander instruieren und ergänzen (Adams 1951, Progoff 1975, von Werder/ Schulte-Steinicke 1998).

Vertrauen Sie Ihrer Intuition! Egal, ob Sie einem bestimmten Programm folgen oder Ihr Tagebuch je nach Situation flexibel handhaben, ob Sie diszipliniert jeden Tag einige Zeilen notieren oder das Buch nur dann hervorholen, wenn Ihnen »etwas auf den Nägeln brennt« – wichtig ist nur, daß Sie sich für die Methode entscheiden, die Ihren persönlichen Bedürfnissen entspricht. Es ist doch nur zu natürlich, daß uns in manchen Zeiten die Anforderungen des Alltags voll in Beschlag nehmen, so daß das Tagebuchschreiben mühselig und zeitraubend erscheint. Oder das Leben plätschert zwischenzeitlich dahin, und es gibt nichts, was sich aufzuzeichnen lohnte. Dann wieder, in Zeiten emotionaler Aufruhr oder Verunsicherung, drängt es uns zu einer gründlichen biographischen Selbstreflexion. Manchmal ist die Niederschrift schmerzhaft, gerade dann, wenn man sich schreibend bisher verdrängten Gefühlen annähert. Sicher, Sie sollten auf Ihre Grenzen acht geben und sich nicht überfordern. Zuweilen mag es sinnvoll sein, das Tagebuch beiseite zu legen, um sich von den durchlebten Strapazen zu erholen. Noch besser: Suchen Sie sich einen Gesprächspartner/eine Gesprächspartnerin, mit der Sie sich über Ihre Erfahrungen beim Schreiben austauschen. Aber: Scheuen Sie sich nicht von vornherein, sich auf heikle, vielleicht zwiespältige Gefühlsstrukturen einzulassen, auch Grenzen zu überschreiten. Mit ein bißchen Mut zur Selbstanalyse eröffnet das Tagebuch Wege in die Tiefenbezirke der Seele. Das Tagebuch, das unmittelbar aus dem Bauch heraus geschrieben wird, ist erfahrungsgemäß das intensivste. Für den Tagebuchschreiber/die Tagebuchschreiberin ebenso wie für außenstehende Leser/Leserinnen.

»*Schmerz ist Ablehnung. Der heilende Zauber ist Aufmerksamkeit. Läßt man sich auf den Schmerz ein, ist er imstande, unsere quälendsten Fragen zu beantworten, selbst jene, die wir noch nicht einmal bewußt gestellt haben. Der einzige Weg, der aus unserem Leiden herausführt, geht mitten hindurch. Zwiespalt, Spannung, Angst, Widerspruch – dies alles sind Möglichkeiten, die nach Verwirklichung suchen. Wenn wir uns ihnen stellen, erkennen wir, daß es der Mühe wert ist, die Kargheit des unbetäubten Lebens auf sich zu nehmen. Die Besänftigung des Schmerzes und die Entspannung des Konflikts machen es leichter, sich der nächsten Krise zu stellen*« (Marilyn Ferguson).

Wenn wir in Zeiten erneuter Aufruhr unser Tagebuch, das lange in der Schublade vor sich hinschlummerte, wieder aufschlagen und lesen, was wir ehemals, in früheren Krisen, notierten, mag uns das Geschriebene fremd und nicht zu uns gehörig erscheinen. Auch das ist nur natürlich. Wir verändern uns mit jeder Erfahrung, die wir machen, und ein neuer Tag, eine neue Woche, ein neuer Monat, ein neues Jahr oder ein neuer Lebensabschnitt kommen uns manchmal wie ein anderes Leben vor. Trotzdem gehören alle Aspekte zu uns, und es ist eine Kunst, sie allesamt zu integrieren. Gerade das über viele Jahre regelmäßig oder unregelmäßig geführte Tagebuch bietet dazu Chancen. Allmählich werden Muster sichtbar, die sich wiederholen und auf einen verborgenen Sinn hindeuten. Wir erkennen Zusammenhänge, wo vorher nur Chaos herrschte. Das Schreiben über einen längeren Zeitraum hinweg »hinterläßt Spuren, die unseren Weg kenntlich machen – wo wir gewesen sind, wo wir uns jetzt befinden und worauf wir uns zubewegen« (Rico 1999).

Träume sind der Königsweg zum Unbewußten

Inge Methfessel

Und die Bilder kamen

Eine Frau, geboren im ersten Viertel dieses Jahrhunderts, merkte eines Tages, daß sie den größten Teil ihres Lebens hinter sich gebracht hatte. Aufgewachsen im Krieg und durch ihn heimatlos geworden, hatte sie einen Beruf erlernt, hatte geheiratet, Kinder geboren und aufgezogen, und mit ihrer Familie an verschiedenen Orten in verschiedenen Ländern gelebt.

Jetzt, seßhaft geworden, mit erwachsenen Kindern, von denen anzunehmen war, daß sie eigene Partner finden und eigene Wege gehen würden, hatte sie etwas gewonnen, was sie in den vergangenen Jahrzehnten oftmals vermißt hatte: ruhige Stunden, die sie zu ruhigem Nachdenken verwenden konnte. Aber da fingen die Träume an.

Es waren beängstigende Träume, die sie verunsicherten und erschreckten. Sie redeten von Verlust, von Schuld und Versagen. Sie wirkten jeweils weit in den wachen Tag hinein weiter. Sie verstand, daß diese nächtlichen Bilder etwas von ihr wollten, daß es unter Umständen gefährlich war, sie zu ignorieren, aber sie wußte nicht, wie sie mit ihnen umgehen sollte.

Da begann sie, in Büchern zu suchen, und nach einer Weile fand sie etwas, was ihr eine Möglichkeit zu eröffnen schien, Zugang zu den Inhalten ihrer inneren Bilder zu erlangen. Sie erfuhr, daß manche Psychologen und Psychotherapeuten ihren Patienten etwas vorschlugen, was sie »Aktive Imagination« nannten.

Aktiv – das gefiel ihr. Ihr ganzes Leben lang hatte sie sehr aktiv sein müssen, und der Versuch, sich ihrer Phantasie in aktiver Weise zu bedienen, schien ihr einiges für sich zu haben. Aus den Büchern erfuhr sie, daß sich der Patient oder die Patientin bei dieser Methode in eine bestimmte Landschaftsform versetzen müsse, um auf diese immer gleichbleibende Projektionswand die Bilder zu projizieren, die im Inneren aufsteigen.

Gehetzt von ihren skurrilen, schmerzhaften Träumen, die ihre Nächte mit Angst erfüllten, fühlte sie sich inzwischen tatsächlich als »Patientin«. Sie war sich bewußt, daß etwas geschehen mußte, und sie beschloß, es mit der Aktiven Imagination zu versuchen.

Dabei war sie keinen Augenblick im Zweifel darüber, was sie zu ihrer Seelenlandschaft ernennen würde; das konnte nur der Strand sein, diese rätselhafte, immer lebendige, immer wieder sich verändernde Linie, an der Meer und Land sich berühren und gleichzeitig begrenzen. Dort zog es sie auch in der Wirklichkeit immer wieder hin. Sie würde sich aus ihrem Alltag und ihrer Not heraus an den Strand begeben und abwarten, was ihr dort begegnen würde.

So legte sie eines Tages ein Schreibheft vor sich hin, nahm einen Stift in die Hand, schloß die Augen und stellte sich die Küstenlinie vor: ein Stück Düne, mit scharfen Gräsern bewachsen, ein Streifen Sand, den die Wellen fest und feucht hinterlassen, und dann der Saum der Brandung, darüber ein weiter Himmel; das war der Rahmen, den sie sich absteckte, in dem sie sich niederließ, um auf ihre Bilder zu warten.

Und die Bilder kamen.

Vor kurzem träumte ich, daß ich am Meeresufer im Treibsand unterging. Ich spürte dabei, daß ich die Wahl hatte, mich sinken zu lassen oder mich herauszuarbeiten. Ich arbeitete mich mit Vorsicht und Umsicht frei.

Heute nacht hatte ich wieder diesen Traum vom Ertrinken. Ich war mitten im Meer, ich hatte Fußhalt, aber ich konnte nicht mehr unterscheiden, auf welcher Seite das Land lag. Alles war in ein fahles Braun getaucht, von innen her durchleuchtet, Wasser und Himmel, beide nur Spielarten der gleichen Farbe. Das Wasser sah lehmig aus, und große Wellen kamen auf mich zu und gingen über mich hinweg.

Jemand holte mich heraus, und ich empfand ein Gefühl des Bedauerns, als ich sah, daß er es schaffen würde.

Es war etwas Goldenes in dem Braun.

Geträumt von einer riesigen blauschwarzen Woge, die sich vor mir auftürmte, hoch wie ein Haus, bereit, über mich, die ich im Wasser schwamm, herzustürzen.

Ich hatte große Angst.

Da sah ich etwas Erstaunliches; ein goldgelber Zitronenfalter flog von der rechten Seite her furchtlos in den Überhang der Welle hinein. Er leuchtete in der Sonne vor dem Stahlblau der Woge.

Ich hatte dann keine Angst mehr.

Ich stehe am Strand. Ein feiner, milchiger Nebel liegt über Meer und Küste.

Draußen zieht ein Schiff vorbei, ein weißes Schiff mit einem weißen Segel. Von rechts ist es gekommen und fährt nach links; das Segel steht unbeweglich.

Weiße Wassersäulen begleiten und umgeben die Fahrt wie verschleierte trauernde Frauen. Sie wachsen aus der Wasserfläche empor und sinken wieder in sich zusammen, lautlos.

Ich stehe und schaue dem Schiff nach, bis es im Nebel versinkt.

Ich bin durch ein Meer geschwommen, ohne ein einziges Mal aufzutauchen.

Nun hebe ich den Kopf über die Wasserfläche und sehe vor mir eine Insel. Ich halte darauf zu und erreiche einen flachen Strand, auf dem ich mich ausruhe.

Die Insel verrät mir noch nichts von ihren Geheimnissen. Aber ich weiß: Wenn ich Atem geschöpft habe, werde ich aufstehen und sie, Schritt für Schritt, entdecken.

D ie Traumdeutung aber ist die Via regia (= Königsweg, Anm. d. Red.) zur Kenntnis des Unbewußten.« Das hat Sigmund Freud gesagt. Er meinte damit, daß die Auseinandersetzung mit unseren Träumen eine Möglichkeit bietet, uns selbst besser zu verstehen, auch unsere dunklen und geheimnisvollen Seiten kennenzulernen. In seinem Hauptwerk, der »Traumdeutung« (1900), empfahl er seinen Lesern und Leserinnen, mittels eingehender Beschäftigung mit unbewußten Gedanken und Vorstellungen im Traum eine Selbstanalyse einzuleiten. Freud machte auch seine eigenen Träume zum Untersuchungsgegenstand und erkannte in ihnen unterdrückte, unbewußte und infantile Wunsche, die in der Selbstanalyse ans Tageslicht drängten und dort bearbeitet werden konnten. Träume stellten also für ihn eine Art Wunscherfüllung dar, eine Wiederbelebung der in der Kindheit vorherrschenden Triebanregungen. Zugleich werden in Träumen unbewußte Ängste, Befürchtungen und Konflikte sichtbar. Sie sind chiffrierte Nachrichten an den Träumenden und stützen sein psychisches Gleichgewicht.

Beim Tagträumen erschaffen wir uns selbst innere Bilder und lassen uns von ihnen forttragen ins Reich der Phantasie. Wir simulieren im Wachzustand jenes Geschehen, das uns normalerweise nur im Schlaf begegnet. Je stärker wir unserer Phantasie vertrauen, und je bereitwilliger wir uns von ihr führen lassen, desto näher kommen unsere inneren Bilder dem Traum. Wir imaginieren unbewußte Wünsche, die auf Verwirklichung drängen. Unsere Ängste finden einen Ort, wo wir sie einfangen und uns mit ihnen auseinandersetzen können.

»Für Phantasiereisen brauchen Sie keine Fahrkarte und kein Gepäck – es reicht, wenn Sie Lust verspüren, ein wenig zu träumen, Ihre Tagträume wachzurufen und zu kultivieren. Und Ihre Fähigkeit zur Imagination, d h. zum Schauen mit dem inneren Auge, zum Erschaffen und Betrachten innerer Bilder, wird sich im Schreiben kontinuierlich weiterentwickeln, solange Sie Ihre Tagträume genießen und ihnen regelmäßig ein wenig Zeit einräumen. Schreibend einen Tagtraum festzuhalten heißt dann nicht nur, diesen Traum im Lesen wieder und wieder erleben zu können – schreibend einen Tagtraum einzufangen heißt auch, ihn schreibend weiterzuträumen, die Bilder klarer zu entwickeln« (von Werder/ Schulte-Steinicke 1998).

Das Aufschreiben von (Tag-) Träumen hilft, sich die flüchtigen inneren Bilder nachträglich noch einmal zu vergegenwärtigen. Aus einzelnen Traumbildern, die von Tag zu Tag aufgeschrieben werden, entwickelt sich manchmal eine ganze Geschichte, die uns Aufschluß über wichtige Lebensthemen und offene Fragen gibt. Wenn es uns gelingt, die Sprache unserer inneren Bilder zu entschlüsseln, können wir aus ihnen Kraft für den Alltag schöpfen.

»*Unbewußtes braucht das Licht des Bewußtseins. Bewußtsein braucht die Energie des Unbewußten. Schreiben erlaubt diesen Austausch*« (Marion Goodman).

Ein Brief muß nicht abgeschickt werden

Mary Moor

Angst vor meinen Tränen

Lieber Vati, seit Jahren habe ich nicht mehr mit Dir gesprochen. Du bist viel zu schnell von mir weggegangen. Ich habe Dich so geliebt. Du bist mein bester Freund gewesen. Mit Dir hätte ich über alles reden können. Du hast mich immer verstanden. Wo ich klein war und auch größer und krank war, hast Du mich immer gestreichelt. Ich spürte Deine Zärtlichkeit. Sie fehlt mir so sehr. Ich schreie danach, Du würdest mir auch einen Rat geben, wenn Du noch hier wärest. Aber Du würdest mir auch sagen, daß ich es alleine entscheiden müßte.

Ich konnte nicht nach Garmisch-Partenkirchen kommen, als es Dir so schlecht ging. Ich hätte Dich so gerne behalten, aber es ging nicht. Wir mußten uns los-lassen. Ich konnte nicht zu Dir kommen, ich hatte Angst vor meinen Tränen. Ich wollte sie Dir nicht zeigen. Ich wollte tapfer sein und wußte ganz genau, daß ich das nicht konnte. Abschied von Dir nehmen ohne Tränen konnte ich nicht. Du selber warst stolz auf Deine Tapferkeit und hast es mir auch beigebracht. Ich wurde von Dir gelobt, wenn ich beim Arzt nichts gesagt hatte. Du warst stolz auf Deine Tochter, und ich war auch stolz. Ich wurde gelobt und anerkannt, ja sogar bewundert. Dann wurde ich beachtet. Hättest Du mich doch nie so tapfer erzogen, ich hätte mich dann auch meiner Tränen beim Abschied von Dir nicht zu schämen brauchen. Es ist doch nichts Unanständiges, wenn man traurig ist und weinen muß. Jetzt muß ich, und das schon seit vielen Jahren, darunter schrecklich leiden, daß ich nicht weinen kann. Ich will so gerne weinen und kann es nicht. Es ist eine schreckliche Qual.

Vati, und noch etwas muß ich Dir sagen. Du warst Dir Deiner Sache völlig sicher. Du hattest mich in der Hand. Damals habe ich es nicht gemerkt und war noch stolz auf mich, daß Du Dich auf mich verlassen konntest. Heute wünschte ich mir, es wäre anders gewesen. Ich finde es gar nicht mehr so schlimm, mit einem Menschen, den ich liebe, Zärtlichkeit und Sexualität auszutauschen. Es gibt nichts Schöneres. Ich muß Dir sagen, daß ich mich danach wahnsinnig sehne. Ich hatte auf meiner Verlobungsreise Angst, daß ich ein Kind bekommen würde und Du mich dann nicht mehr leiden mochtest. Ich wollte Dich nicht enttäuschen, doch meine Angst, Du würdest mich nicht mehr lieben, war viel größer.

Heute wünsche ich mir, Du hättest mich nicht gelehrt, meine Gefühle zu unterdrücken, dann würde ich nicht so leiden müssen.

Ich will nicht mehr so leiden.

Ich will jetzt leben.

Ich werde Dich nie wiedersehen. Ich habe Dich so geliebt.

Ich mag mich nicht von Dir trennen, aber es muß sein.

Deine Tochter

Beim Briefeschreiben wenden wir uns jemandem zu. In der Kommunikation mit dem oder der anderen geben wir etwas von uns ab. Wir teilen uns mit. Die Ich-Bezogenheit des Tagebuchs lockert sich. Ein Brief ist zum Gebrauch bestimmt. Er kann in den Dienst verschiedener Funktionen gestellt werden: Wer einen Brief schreibt, hat die Absicht, jemanden über etwas zu informieren, einen Sachverhalt oder eine Beziehung zu bewerten, sich zu seinen/ihren Gefühlen in dieser Hinsicht zu bekennen oder auch einen Appell auszusprechen. Wichtig ist der Adressaten-/Adressatinnenbezug. Wir erwarten in der Regel eine Reaktion auf unseren Brief. Manche Briefwechsel gehen über Jahre oder gar Jahrzehnte. Sie spiegeln wechselvolle Lebensläufe und legen Rechenschaft ab über die Höhen und Tiefen einer Beziehung. Manchmal sind sie regelrechte Zeitdokumente.

Gegenüber dem persönlichen Gespräch hat der Brief den Vorteil, daß wir unsere Gedanken besser ordnen und unsere Worte sorgfältiger wählen können. Gerade bei konfliktbeladenen Themen laufen wir in der direkten Auseinandersetzung Gefahr, den anderen oder die andere zu verletzen und zurückzustoßen. Beim Briefeschreiben haben wir die Möglichkeit, behutsamer miteinander umzugehen. Allerdings: Was einmal auf dem Papier steht, in den Umschlag gesteckt und abgeschickt wurde, ist schwer wieder zurückzunehmen. Im persönlichen Gespräch können wir häufig schon an der Mimik unseres Gegenübers feststellen, wie unsere Worte wirken. Wenn wir merken, daß er oder sie uns nicht versteht, verärgert oder emotional stark getroffen ist, haben wir Gelegenheit, blitzschnell zu reagieren, unsere Aussagen zu relativieren oder genauer zu erklären, was wir ausdrücken wollten. Beim Briefeschreiben fehlt uns die unmittelbare, authentische Rückmeldung. Mißverständnisse werden nur mit zeitlicher Verzögerung geklärt, bisweilen belasten sie ein Leben lang die Beziehung der Briefpartner/-partnerinnen.

Private Briefe sind stets autobiographische Dokumente. Sie entstehen zu verschiedensten Anlässen. Es gibt Urlaubsbriefe, Geburtstagsbriefe, Freundschafts- und Liebesbriefe, Genesungswünsche, Dankesbriefe, Beileidsschreiben und vieles mehr. Gerade Briefe, die in einer psychischen oder sozialen Extremsituation verfaßt wurden, haben eine besondere Ausdruckskraft und innere Tiefe. Veröffentlichte Briefe von der Front, aus der Kriegsgefangenschaft, von zum Tode Verur-

teilten, aus dem Gefängnis oder aus der Psychiatrie sind erschüttern-
de Selbstzeugnisse – auch für außenstehende Leser und Leserinnen.

Manche Briefe werden nicht abgeschickt. Trotzdem erfüllten sie für
die, die sie geschrieben hat, eine wichtige Funktion: als Form der Auseinandersetzung mit einem gemeinsamen Thema oder einer Beziehung. Bisweilen beabsichtigt der Briefeschreiber oder die Briefe-
schreiberin von vornherein nicht, den Brief abzuschicken. Er oder sie
wählt die Briefform nur deshalb, um in der Konfrontation mit dem
Adressaten oder der Adressatin die eigenen Gedanken zu entwickeln.
Wenn wir eine konkrete Person vor Augen haben, an die wir uns
schreibend wenden, haben wir nicht so sehr das quälende Gefühl,
daß unsere Worte im Leeren verhallen. Unser Gegenüber bietet uns
Orientierung und Angriffsfläche. Wir können all unsere Gefühle, auch
Haß und Aggression, aufs Papier schütten, ohne in eine direkte Konfrontation treten oder unsere innere Beteiligung spüren lassen zu müssen. Indem wir uns von vornherein dagegen entscheiden, den Brief
abzuschicken, schützen wir uns vor Selbstzensur und Kritik.

Vielleicht ist unser Adressat oder unsere Adressatin ja auch gar nicht
erreichbar, weil verschollen oder gar verstorben. Trotzdem oder gerade deshalb lohnt es, einen Brief zu schreiben. Um rückblickend gemeinsame Erfahrungen zu reflektieren, um unausgesprochene Gefühle zu artikulieren, um sich voneinander abzulösen. Oder der Adres-
sat/die Adressatin existiert nur in unserer Vorstellung, ist ein fiktives
Bild oder ein religiöser Glaube. Es gibt Briefe an den lieben Gott, an
gute Engel oder böse Geister, an einen Teil von uns selbst, an ein Stück
unbewältigter Vergangenheit usw. Sie alle haben einen hohen therapeutischen Stellenwert.

*»Ein nichtabzusendender Brief handelt [...] meist von intensiven
Emotionen, die nach Ausdruck drängen, Emotionen, die sich auf jemanden beziehen, die ich aber im Grunde doch mit mir selbst auszu-
machen habe«* (von Werder/ Schulte-Steinicke 1998).

Wenn die rechte Hand nicht weiß, was die linke tut

Petra O.

Die Kraft der anderen Hand

Vor vier Jahren fiel mir in einer Wühlkiste mit Billigbüchern ein Buch zu – »Die Kraft der anderen Hand«. Eine amerikanische Psychologin beschreibt darin, wie sie zu sich selbst, zu ihren körperlichen Leiden, zu ihren Schwächen etc. Zugang findet, indem sie einen schriftlichen Dialog zwischen ihrer rechten und ihrer linken Hand führt. Die linke Hand (= nichtdominante Seite) übernimmt dabei verschiedene Rollen – z. B. ist sie ein Schmerz. Als ich das Buch gelesen hatte, war ich begeistert von der Idee, mit der linken Hand zu schreiben, um so eventuell näher zu mir selber zu finden. Ich mußte nicht lange darüber nachsinnen, wer meine linke Hand sein sollte. Wie von selbst übernahm sie den Teil des immer unterdrückten Kindes in mir. So lernte ich das Linksschreiben und erfuhr viel über mich selbst. Mit dieser Art zu schreiben, hatte ich mir eine ganz eigene Therapiemethode geschaffen. Vor zwei Jahren erreichten diese LINKS-RECHTS-DIALOGE ihren Höhepunkt. Nach 21 Jahren konnte ich Stück für Stück mein Lebens- und Erinnerungspuzzle zusammensetzen. Es hat sehr weh getan, doch es hat auch innerlich gereinigt und einen Heilungsprozeß in Gang gesetzt. Heute bin ich 25 Jahre alt. Ich führe ein selbständiges, spannendes Leben und arbeite weiter an mir und meiner Lebensfeste.

25. Juni 1994   23h 10'

Es ist heute spät geworden. Ich will mich aber trotzdem mit Dir unterhalten, Petra.

Laß mich, ich bin schon so müde. Laß mich schlafen!

Nein, es ist so wichtig für uns beide, daß wir "reden" lernen. Bitte hilf uns dabei.

Aber wenn ich nicht die richtigen Worte finde? Ich kann nicht. Ich hab' Angst!

Darüber haben wir schon einmal geredet. Du brauchst Dich nicht zu fürchten. Du wirst nichts Falsches sagen "Ich kann nicht" heißt übersetzt für mich "Ich will nicht". Aber ICH KANN und WILL und Du wirst mir dabei helfen!
Womit / mit wem fangen wir an?

Egal.

Nein!!! Womit / mit wem fangen wir an?
Egal! Hab' ich gesagt!

Nein, ist es nicht! Entscheide Dich!
Sofort!

Mit dem "lieben Freund" oder Mutter.

Na also, Du kennst es ja! Nur Mut, wir schaffen es!

Erzähl mir noch einmal die Situation des ersten Mißbrauchs, an die Du Dich erinnerst. Ich sag' Dir, was ich weiß und Du ergänzt nachher bitte. Gut?

Ja.

Du bist nachts aufgewacht, hast ge-merkt, dass die Mutter nicht neben Dir im Bett liegt und hattest des-wegen Angst. Du hast Dich einge-näßt und nach der Mutter gerufen. Sie ist aus der Küche gekommen, hat mit Dir geschimpft, Dich umge... - Du trugst den gelben Pyjama mit dem roten Marienkäferrand - dann trug sie Dich in die Küche und legte Dich auf's Sofa zu dem "Freund" und für mich ~~daran~~ ~~(es)~~ Jetzt reicht mein Wissen, erzähl weiter. Hast Du den Mann vorher schon einmal gesehen oder war er Dir fremd?

Ich kannte ihn. Er war immer recht nett zu mir
und schenkte mir Beachtung.

Was tat er, nachdem Du im Bett
lagst?

Er begrüßte mich freundlich. Die Mutter hatte ihm
gesagt, dass ich mich eingenäßt hatte. Ich
schämte mich. Er griff mit seiner Hand zwischen
meine Beine und sagte: "Der Pyjama ist ja wieder
ganz trocken!"

Was war dann?

Wir lagen nun alle 3 auf dem Sofa. Es war
eng. Darum legte sich die Mutter mit dem
Kopf ans Fußende.

Wolltest Du nicht neben ihr liegen?

Wahrscheinlich getraute ich mich nichts zu sagen.

Was tat der Mann nun mit Dir?

Ich schlief schnell ein. Als ich wieder erwachte, spürte
ich seine rg. Hand auf meiner Scheide ruhen.
Der Mann atmete unruhig. Mit der linken Hand
befriedigte er sich selbst. Den Zeige- und
Mittelfinger bohrte er abwechselnd in meine
Scheide. Seine Lippen tasteten an meinem Ohr

meiner Wange und meinem Mund. Er bewegte sich
kaum, schmatzte und flüsterte: "Mein Mädchen,
mein liebes, kleines Mädchen!" Seine Finger
drangen tiefer in meine Scheide und meinen
Po. Ich musste plötzlich dringend auf's Klo,
aber ich wagte nicht, mich zu rühren.
"Bitte schreib' für mich weiter, ich sag
Dir's an. Ich kann heute nichts mehr schreiben.
Bitte!"

Gut. Was soll ich schreiben?

Ich musste auf's Klo, konnte aber
nicht gehen und durfte mich
nicht mehr nassmachen.

Der Mann kam nun zu seinem
Höhepunkt. Er stöhnte, seine Finger
taten mir weh. Er fragte: "Schön?
Schön? Schön, mein Mädchen?"
Ich sagte nichts. Ich wusste ja
gar nicht, wie mir geschah.
Dann nahm er seine Finger aus
meiner Scheide, griff nach meiner
Hand und führte sie bei mir unter
die Decke. Zu dieser Zeit hatte ich
noch nie den Penis eines Erwachsenen
gesehen, geschweige denn angegriffen.
Er legte meine Hand um seinen

Penis. Ich ... war erst jetzt
richtig ... und ... , dass das
nicht okay ist ; was der Mann
tut. Es fühlte sich an, als ob ich
einen Stock in der Hand hielt,
der gerade ein Kind aus dem
Maul gespuckt hatte. "Mein Mädchen,"
sagte er wieder , "komm für greif
meinen Freund an. Er tut dir nichts!"
Ich war wie ferngesteuert , tat alles,
was er mir sagte. Dann war es endlich ... Er drückte mich zur Wand
und ließ mich mit meiner kleinen
rechten Hand alleine.
Ich hasste den Mann dafür
Ich hasse ihn heute noch
Ich hasse ihn !!!

Danke, Petra . Wir schaffen es,
du musst sehen. Danke

Von Schreibpädagogen und -pädagoginnen wird gelegentlich empfohlen, nicht immer nur mit der schreibgewohnten Hand zu schreiben, sondern auch hier und da – vor allem dann, wenn die Ideen zu versiegen drohen – der schreibungewohnten Hand die Führung über den Stift zu überlassen. Rechtshänder sollen demzufolge zwischenzeitlich den Stift in die linke Hand nehmen, Linkshänder in die rechte. Wenn man den Stift zwischen beiden Seiten hin- und herwandern läßt, können sich interessante Dialoge zwischen der rechten und der linken Hand ergeben.

Menschen, die sich auf dieses Experiment eingelassen haben, berichten mitunter über verblüffende Wirkungen. Sie haben die Erfahrung gemacht, daß sich die Textteile, die sie mit der schreibungewohnten – in der Regel linken – Hand verfaßten, in Form und Inhalt erheblich von denen unterschieden, die die schreibgewohnte – meist rechte – Hand schrieb. Die Logik der Gedankenführung sei unterbrochen worden, und ganz neue Akzente hätten sich ergeben. Gefühle seien hochgekommen und innere Bilder, die sich der Kontrolle durch den Verstand entzogen. In Ausnahmefällen berichten die Betroffenen sogar, es sei ihnen durch das Schreiben mit der ungewohnten Hand gelungen, Kontakt zu unterbewußten Schichten ihrer Persönlichkeit herzustellen, verdrängte Erlebnisse zu reaktivieren und zurückliegende Traumata zu verarbeiten.

»Nach 21 Jahren konnte ich Stück für Stück mein Lebens- und Erinnerungspuzzle zusammensetzen« (Petra O.).

Was wie Zauberei klingt, kann sich auf eine neurophysiologische Theorie mit langer Tradition berufen. Demnach besteht das Gehirn aus symmetrischen Hemisphären, die arbeitsteilig organisiert und durch eine Nervenfaserbrücke miteinander verbunden sind. In der linken Hemisphäre hat das analytisch-logische Denken seinen Platz. Auch das Sprachzentrum ist hier beheimatet. In der rechten Gehirnhälfte werden die konstruktiv-deduktiven Leistungen angesiedelt: Kreativität, musikalisches Empfinden, Bildwahrnehmung und die Synthese von Zusammenhängen. Die linke Hälfte ist also verantwortlich für Ordnung und Regeln, während die rechte Hälfte Nuancen und Gefühle verarbeitet und auch mit eher chaotischen inneren Erregungen des sogenannten Limbischen Systems umzugehen weiß (Rico 1999).

Die Gehirnhälftentheorie geht zudem davon aus, daß die linke Hemisphäre mit unserer rechten Körperhälfte, also auch mit der rechten Hand verbunden ist, wohingegen die rechte Hemisphäre die linke Körperhälfte steuert. Demnach wäre es nicht weiter verwunderlich, wenn beim Schreiben mit der linken Hand innere Bilder aktiviert, widersprüchliche Gefühle ans Tageslicht drängen würden. Die Annahme einer klaren Arbeitsteilung der beiden Gehirnhälften, deren Leistungen über Kreuz in motorische Energie übersetzt werden, erklärt ein Stück weit die erstaunlichen Wirkungen des Schreibens mit der linken Hand – zumindest mit Blick auf Rechtshänder. Auch liefert sie gute Argumente für die Gleichwertigkeit analytisch-logischer und kreativer Intelligenz, die in unserer technokratisch orientierten Gesellschaft allzuoft aus dem Blick gerät.

Allerdings ist man heute aufgrund neuerer Untersuchungen eher der Auffassung, daß an fast allen menschlichen Leistungen beide Gehirnhälften beteiligt sind (Falschlehner 1997, Rico 1999). Wohl erledigen verschiedene Gehirnregionen spezialisierte Arbeiten, jedoch sind ihre Aktivitäten so aufeinander abgestimmt, daß man von einem ganzheitlich funktionierenden Prozeß ausgehen muß, um das Denken und Fühlen des Menschen zu verstehen. Analytisch-logisches Denken sowie kreative und intuitive Vorstellungen arbeiten beim menschlichen Wahrnehmen und Handeln, also auch beim Schreiben, eng zusammen. Sie können nicht voneinander isoliert werden.

Gleichwohl gibt es Techniken, mit Hilfe derer wir unsere analytisch-logischen Fähigkeiten zurückstellen können, um unseren Gefühlen mehr Raum zu geben. Man denke etwa an den psychotherapeutischen Nutzen von Verfahren wie Hypnose oder katathymem Bilderleben (= tiefenpsychologisch orientierte Therapieform, bei der der Klient/ die Klientin nach einer Entspannungsphase aufgefordert wird, sich ein Standardmotiv (z. B. Wiese, Bach, Berg, Haus, Waldrand) vorzustellen und über die entstehenden inneren Erlebnisse zu berichten (Kraiker/ Burkhard 1988)). Auch das Schreiben mit der ungeübten (nicht notwendig linken) Hand läßt sich mit dieser Absicht sinnvoll einsetzen. Wir schreiben automatisch langsamer, wodurch »jede Idee, jedes Bild, das aufkommt, [...] genügend Zeit hat, sich zu entwickeln, ehe es aufgeschrieben wird« (von Werder/ Schulte-Steinicke

1998). Von Werder und Schulte-Steinicke weisen noch auf einen anderen Effekt des verlangsamten Schreibens hin:

»Wir fühlen uns auf einmal bei einer normalerweise doch ganz selbstverständlich erscheinenden Tätigkeit ganz schön hilflos. Möglicherweise fühlen wir uns in die Schulzeit zurückversetzt, in die Zeit, in der wir das Schreiben gerade erst gelernt haben. Diese ungewohnten, kindlichen Gefühle können mit einer gewissen Regression einhergehen, einer Änderung unseres Denkstils, hinein ins kindlich-bildhafte Denken. Auch auf diese Weise können mehr Bildmotive und damit Schreibimpulse freigesetzt werden« (ebd.).

Das Schreiben abwechselnd mit der rechten und der linken Hand ist ein interessantes Experimentierfeld. Probieren Sie es einfach einmal aus. Wechseln Sie die Schreibhand, wenn Sie den Eindruck haben, mit Ihrem rationalen Verstand nicht weiterzukommen, und nutzen Sie die kreativen Impulse, die vom Schreiben mit der schreibungewohnten Hand ausgehen. Sie werden sicher Spaß dabei haben, und vielleicht öffnen sich ja auch Ihnen ganz neue Einblicke in Ihre innere Bilderwelt.

Literarische Krisenbewältigung

Miriam Miller-Davies

Lilienzart

Lilienzart
das kleine Kind
auf seiner Mutter
Schoß
fällt es
nicht gehalten
in den Abgrund.

Streck nur ruhig ...

Streck
nur ruhig deine
kleinen Fingerchen
nach meiner Liebe aus
mein Kind
du greifst
ja doch
ins Leere.

Almut Schüler

Heute

Heute leben
heute genießen
heute spüren
Gefühle zulassen
– Trauer, Zuneigung, Wärme, Liebe,
Wut, Aggression,
Kälte, Freude.
Das Gestern kann ich nicht ändern,
kann versuchen es anzunehmen.
Das Morgen kenne ich nicht,
unnütz den Kopf darüber zu zerbrechen,
das Herz mir schwer zu machen.
Warum fällt es mir so schwer
im Hier und Jetzt zu leben?
Loslassen was gestern war
offenlassen was morgen sein wird
– muß erst dem Tod ins Auge sehen,
um leben zu lernen,
wenn das Leben stattfindet –
Hoffe nie aufzugeben
eine Lebendige im Heute zu sein.

Almut Schüler

Leukämie

Leukämie –
du forderst mich heraus
ganz und gar
stellst mein Leben in Frage
läßt mich der tiefsten Traurigkeit,
Angst, Zweifel, Einsamkeit begegnen
gibst mir Mut
mein Leben zu ändern
hast mich auf einen langen,
mühsamen, einsamen,
aber auch
spannenden, aufregenden, mitmenschlichen
Weg geschickt
– auf den Weg zu mir.

Gertrud Deppermann

Die Nebelfrau

Im Mai 1987 wurde ich mit der Diagnose konfrontiert: IgA-Plasmozytom, nicht heilbar, man kann nur den Verlauf verzögern.

Damit war mir ohne Vorwarnung meine bisherige Lebensgrundlage entzogen.

Etwa ein Jahr bemühte ich mich, meine Situation in den Griff zu bekommen. Dann sah ich ein, allein hatte ich keine Chance, aufgeben wollte ich jedoch nicht.

Ich fand einen Therapeuten, der mit mir zu arbeiten begann.

Im Verlauf dieser Therapie begann ich zu schreiben.

Ich habe die heilende Kraft der Sprache erfahren.

Ich konnte nicht über meine Krebserkrankung sprechen. So habe ich die folgende Geschichte geschrieben. Die konnte ich vorlesen, und das Sprechen wurde mir leichter.

Es war einmal eine Frau, die lebte in einem großen, wohlgeordneten Haus in einem schönen Garten.

Eines Tages stand eine fremde Frau in ihrem Garten, eine große Nebelfrau. Die kam von jetzt an immer öfter und verdichtete sich mehr und mehr zu einem schwarzen Nebel.

Die Frau wagte sich nicht mehr in den Garten, sie schaute nur noch durch das Fenster.

Es half nichts.

Als es eines Tages an der Tür klopfte, öffnete sie, und ein furchtbares schwarzes Tier sprang in ihr Haus.

»Ab heute wohne ich hier. Ich esse von allem, was du ißt, zum Schluß esse ich dich.«

Die Frau floh vor Entsetzen in den Wald.

Als sie sich umdrehte, sah sie, daß die Nebelfrau ihr gefolgt war. Sie verkroch sich in eine Höhle, in den äußersten Winkel. Als sie sich an die Dämmerung gewöhnt hatte, sah sie, sie war nicht allein. Das schwarze Tier war auch da.

Seine grünen Augen funkelten voll abgrundtiefer Bosheit.

»Ich will dich und bekomme dich auch. Du kannst mir nicht entrinnen.«

Das stürzte die Frau in eine tiefe Verzweiflung. Was immer sie tat, wo immer sie hinging, das Tier war bei ihr. Mit jedem Atemzug, den sie tat, wurde es kräftiger.

Sie kehrte in ihr Haus zurück. Das Tier lebte im Haus, die Nebelfrau im Garten.

Eines Tages beschloß die Frau, sich ein neues Haus zu suchen, eines, in dem sie mit dem Tier leben konnte. Auch die Nebelfrau sollte einen Platz bekommen.

Bald erkannte sie, ein solches Haus gibt es nicht fertig, und sie beschloß, sich ihr eigenes zu bauen.

Es entsteht am Meer, der Sonne zugewandt.

Sigrid Voss

November Tief

Über
die Höhe
ist ein Wind geweht,

hat die
Lindenbaumblätter
fortgenommen, mit sich
ins Tal.

Gefroren
sind sie, und
jeder unsrer Schritte
zerbricht sie
zu Staub.

Dankward Gueffroy

Das Ende der Welt

Als er heute morgen Richtung Bahnhof lief, sah alles so aus, wie er es gewohnt war. Das Pflaster grau, die Häuserfassaden verschmutzt, die Scheiben blind, die Vorgärten kaum gepflegt. Andere, die ihm entgegenkamen oder ihn überholten, ließen nicht erkennen, daß sich etwas über Nacht geändert haben könnte.

Und doch stieg ein beängstigendes Gefühl in ihm hoch, ja, es verstärkte sich zusehends, daß sich irgend etwas ereignet haben könnte. Etwas, das er sich nicht vorstellen konnte, etwas, was aber dennoch unverzichtbar sein würde, wenn es fehlte.

Merkwürdig, von den Geräuschen des Bahnhofs war heute nichts zu hören: Schwaden von Nebel und Dunst stiegen auf, aber das Gekreisch, das die Schienen machen, wenn ein Zug einfährt, das hörte er nicht. Er hielt inne und lauschte. Und – er hörte nichts.

Er tauchte in einem Pulk von Menschen unter, die mit Gesten und offenen Mündern einander gegenüberstanden, sich aber anscheinend nicht verständlich machen konnten.

Sollte, so kurz vor der Milleniumswende, tatsächlich das Ende der Welt schon hereingebrochen sein? Einfach durch Verstummen von Geräuschen und Lauten und vollständiges Erliegen der Kommunikation der Menschen untereinander? Es schien so, und die Dinge entwickelten sich wie beim Dominospiel: Eine Reaktion folgte der nächsten. Autos stießen zusammen, Flugzeuge streiften sich in der Luft und fielen in brennenden Trümmern irgendwo zur Erde, Häuser sprangen in die Luft, die Luft zum Atmen wurde unerträglich, brenzlich, voller Gestank, man hätte eine Maske tragen müssen ...

Das letzte, was er sah, bevor er vornüber fiel, war, daß auch die Sonne ihre Farbe gewechselt hatte – sie war schwarz geworden, ein sicheres Anzeichen dafür, daß das Ende der Welt gekommen war, dachte er, bevor er endgültig das Bewußtsein verlor.

julius t. eulenschmitt

konstitution – momente – räume

mach doch den wind an
mein süsser arsch mit depressivum
mann ein bisschen angegilbter zeitvertreib
die blätter schmecken längst nicht nach benzin
laufe was für ein tag
über einen haufen mist aus mond
ich schneide auf mit kalten ohren
im schnitt: nur wie es mir geht
die luft bunt und ohne mais
was soll das mich kümmern
gestern schon liegen
im schweinsgalopp
ziehen am feuerroten spielmobil
zu vögeln
gab es nie zu viel
m hm
schauen dem thermometer
zwischen kopfweh ich
hab mir ein
säckchen voll
herb
st
abgedichtet.

meine gedichte waren mir patchwork-identy: konstitution – momente – räume. heute fällt es mir schwer, das gedichtsgefühl zurückzuholen, weil es mir oft so defensiv und als rückzug auf die eigene sensibilität vorkommt. auf jeden fall habe ich im schreiben einen lebens(t)raum gefunden. und gelernt, vollkommen subjektiv ICH zu sagen. unabhängig von den reaktionen. mir ist der respekt anderer

davor, es genauso zu tun, antrieb und energie genug als der wunsch
nach zustimmung. gedichte schreiben ist so zur geglückten selbsttherapie geworden. heute mache ich es professionell. manchmal fällt es
schwer, sich immer wieder einer öffentlichkeit zu stellen. einer feind-
seligkeit. und doch hat gerade das einen großen reiz. borderline wird
gerne gesagt in der therapie. borderlineprosa bezeichne ich gerade
mein schreiben. schreiben ist nach wie vor meine lebensbegleitung,
meine große pap*i*ernerne liebe, an der ich immer wieder zweifle, die
mich aber zurückholt, mich erdet, mein: kann doch, was ich bin, nur
sein, wenn ich es auch werde.

Beim Lesen von Texten aus Lebenskrisen begegnen uns immer wieder Formen und Gattungen, die einen hohen Gestaltungswillen aufweisen. Nicht nur in Tagebüchern, Briefen und Erfahrungsberichten schildern Menschen ihre Erfahrungen mit psychischen Krisensituationen, sondern sie geben ihnen auch in Gedichten und Geschichten einen lebendigen Ausdruck. Diese Texte sind nicht immer von weltliterarischem Rang, aber dessen ungeachtet beeindruckt der Wille und die Fähigkeit zur Ästhetisierung. Obwohl die Gattungen in der Regel relativ traditionell gehandhabt werden – es finden sich zum Beispiel viele gereimte Gedichte oder kindlich-naive Geschichten – erfüllen auch sie ihren Wert als Lebenshilfe. Manche Autoren und Autorinnen orientieren sich nicht nur an vorgegebenen Mustern, die sie aus der Literatur kennen, sondern finden mittels ästhetischer Ausdrucksformen eine wirklich eigene Sprache. Einige solcher gelungenen Beispiele haben wir hier abgedruckt.

Es stellt sich die Frage, was nun eigentlich das Besondere an diesen literarisch gestalteten Texten ist und worin die Funktion literarischen Schreibens im Rahmen individueller Lebensbewältigung besteht. Sicher berührt zunächst – ebenso wie in den nicht-literarischen Texten – die Thematik: Krankheit, sexueller Mißbrauch, Angst, Depression, Tod – dem kann man sich nur schwer entziehen. Die Intensität des Ernstfalls spricht aus jedem der Gedichte und spiegelt sich in jeder Erzählung. Aber da ist noch mehr: Offenbar dringen literarisch gestaltete Texte in Tiefenbezirke unserer Seele ein, die anderen, alltäglichen Ausdrucksformen verschlossen bleiben. In Metaphern und Symbolen, in indirekten Redewendungen und verbildlichten Auseinandersetzungen mit Todesängsten oder traumatischen Lebenserfahrungen entdecken wir eigene Anteile, merken wir, daß uns die Texte direkt betreffen. Die Leerstellen, die literarische Texte enthalten, müssen mit Sinn gefüllt werden. Sie entfalten einen Spielraum für je eigene Interpretationen und Projektionen. Ästhetik und Stil sind ein feiner Seismograph der seelischen Situation der Autoren und Autorinnen. Sie schlagen eine Brücke vom Autor/von der Autorin zum Leser/zur Leserin, sie vermitteln auch zwischen Kunst und Leben.

Einer der Pioniere der Poesietherapie im deutschsprachigen Raum, Hilarion Petzold, beschreibt die Eigenart poetischer Sprache wie folgt:

»Poesie ist sinnliche, sinnenhafte Sprache par excellence. Das macht sie der Malerei und der Musik verwandt [...]. In ihr spiegelt sich das Leben, die Welt, ja mehr noch: Poesie ist die Welt noch einmal in gleicher Weise, in Paraphrasierung eines Satzes von Schopenhauer, den er von der Musik ausgesagt hat. In der Poesie eröffnet die Welt uns einen unmittelbaren Zugang zu sich. Doch sind es nicht nur die Worte, sondern die Evokationen, die Zwischenräume, die Absätze, Pausen, die poetischen Formen und das, was sie umgreifen und beinhalten, die bedeutsam werden. Das ›Mehr‹ in der poetischen Sprache, ihr Reichtum an Verweisungen bis zur Unergründlichkeit, macht ihre Lebendigkeit aus« (Petzold/ Orth 1985).

Von einer besonderen Wirkung literarischen Schreibens berichten auch die Autoren und Autorinnen selbst. Miriam Miller-Davies sagt über ihre Gedichte, die vom sexuellen Mißbrauch in der Kindheit handeln:

»Meine Gedichte sind gleichsam literarisch geformte Emotionen und Erinnerungen, gleichsam ästhetisierte Endprodukte der Verbindung zwischen Unbewußtem und Bewußtem. Da die Lyrik diejenige poetische Gattung ist, die der Musik am nächsten kommt, ist sie besonders gut geeignet, sich mit dem Rhythmus des Stromes des Unbewußten zu verbinden; letzten Endes mit dem Rhythmus und der Melodie des Lebens und des Universums.«

Und Daniel Paul Schreber, dessen »Denkwürdigkeiten eines Nervenkranken« (1903) Freud als Grundlage seiner Paranoia-Theorie diente, erfährt Dinge, »die sich in menschlicher Sprache überhaupt nicht ausdrücken lassen«, und die daher, »um einigermaßen verständlich zu werden«, in »Bildern und Gleichnissen« ausgedrückt werden müssen, die immer nur »annähernd das Richtige treffen«. Wo die Alltagssprache versagt, entfaltet die literarisch geformte Sprache neue Möglichkeiten des Ausdrucks.

Für Lutz von Werder stellt die Umwandlung der eigenen Lebensgeschichte in literarische Textsorten die beste Form des »Durcharbeitens« dar. In Anlehnung an das von Freud entwickelte 3-Phasen-Modell der biographischen Selbstanalyse (Erinnern – Wiederholen – Durcharbeiten) fordert er von dem Schreiber/der Schreiberin eine gewisse Distanz zum autobiographischen Material: *»Die autobiographischen Erfahrungen sind oft viel zu unstrukturiert, daß sie in ihrer Gän-*

ze schon Literatur sein könnten. *Literatur bedeutet immer eine Verdichtung der Realität, ein Ausschnitt, ein Detail. Literarisches Erzählen verdichtet Charaktere, Orte, Handlungen, Bilder, Stimmungen, Zeitabschnitte, Symbole. Literarisches Erzählen zielt auf das besondere Ereignis: ein Spiel, eine Hochzeit, eine Trennung, ein Tod, ein Begräbnis. Damit aus autobiographischen Erfahrungen Literatur wird, müssen die autobiographischen Ereignisse verdichtet werden«* (von Werder 1996).

Literarische Texte aus Lebenskrisen haben auf die Autoren wie auf die Leser eine tiefgehende Wirkung. Literatur und Lebenshilfe gehören somit eng zusammen. Dennoch ist *»Leidensdruck [...] kein Talentnachweis«* (Muschg 1981). Aber: *»Kein Weg führt vorbei an der Herkunft der Kunst aus dem Verlust – und daran, daß sie an diesen Verlust zugleich erinnert und über ihn täuscht.«* Diese Einsicht stammt von demselben Schriftsteller und wird von vielen seiner Kollegen und Kolleginnen geteilt. Martin Walser etwa stellt fest, *»daß es öfter Not ist als Freude, die einen zum Schreiben bringt. Allerdings darf beim Schreiben durchaus aus der Not eine Freude werden. Auch Not kann beflügeln«* (Walser 2001).

Auch wenn es der Wissenschaft noch nicht gelungen ist, diesen Zusammenhang zwischen Leiden und Schreiben, Literatur und Therapie, Existenz und Ästhetik eindeutig zu begründen, so sprechen die Erfahrungen vieler Menschen und die hier vorgestellten Texte für sich. Sie sind – im doppelten Sinne – Ausdruck von »Lebenskunst« (Muschg 1981): Die Schreibenden finden Bilder, Metaphern und Symbole für ihr inneres Erleben und eröffnen sich so neue Wege aus krisenhaften Lebenssituationen.

Abschied und Neuanfang

Günter W.

Lyrische Biographie

Gedichte haben mich in meinem Leben stets begleitet, durch Höhen und Tiefen hindurch, hinauf auf die Gipfel berauschenden Glücks und hinunter in die Finsternis von Depression und Todesahnung. Sie sind Marksteine auf den Stationen, die mein Leben durchlief.

Mir scheint, als sei ein Gedicht wie ein Spiegel, in dem meine Seele sich betrachtet, ein Spiegel auch, in dem Welt und Geist transparent werden.

Als es gewiß war,
Vater ist tot,
blieb ich stumm,
ganz stumm.
Weiß nicht,
warum ...

Als es gewiß war,
der Mann ist tot,
schrie Mutter nicht,
blieb stumm,
wie versteint.
Sagte nur:
»Nein!«

Als es gewiß war,
Vater ist tot,
gestorben
im Lager
spielte
mein Kind
im Sand ...

Aus der Hoffnung, ja aus der Erwartung auf die Heimkehr meines Vaters aus sowjetischer Gefangenschaft riß mich die Nachricht von seinem Tod und stürzte mich hinunter in die Krise. Ich stand, 23 Jahre jung, ratlos vor der Aufgabe, Mutter, Bruder, Frau und Kind zu versorgen. Jahre später erst wagte ich es, mich aus der Sprachlosigkeit zu lösen, indem ich ein Gedicht schrieb.

Beate Assmann

Um dieses Bild auszuhalten und nicht im Entsetzen unterzugehen

Vor einem halben Jahr verlor ich meinen Mann. Ein aktiver, mitten im vollen Leben stehender Mensch hatte plötzlich keine Kraft mehr zu leben. Stolz und Haltung und Mut, die ihn auszeichneten und ihm Anerkennung brachten, gab es nicht mehr, ein starkes Gerüst brach zusammen, Hilfe anderer Menschen konnte er nicht annehmen, er nahm sich das Leben. Ich war dabei, als er in einem Bahnhof vor einen Zug sprang. Um dieses Bild auszuhalten und nicht im Entsetzen unterzugehen, begann ich sehr bald nach dem Tod meines Mannes zu schreiben, sein Leben, unser Leben, die letzten Tage. Daraus ist ein Buch geworden, das zunächst nur mir allein Halt gibt, weil ich alles behalten möchte. Die beigefügte Erzählung »Zwischen Erde und Himmel« ist ein Auszug, der die Bedeutung eines fremden Menschen in dem Augenblick eines furchtbaren Geschehens verdeutlichen soll. Jenen Menschen, dessen Namen und Gesicht ich nicht kenne, werde ich nie vergessen.

Zwischen Erde und Himmel

Ich könnte die Geschichte von einem erzählen, der das Glück gehabt hat, bei einem Preisausschreiben eine Reise in die Südsee gewonnen zu haben oder nicht von einer Dachlawine getroffen worden zu sein, oder von meinem Großvater, der mit nur einem Bauchschuß aus dem Krieg nach Hause kam. Das gäbe gute Geschichten. Ich kann aber keine gute Geschichte erzählen, obwohl ich Glück hatte, einem Engel begegnet zu sein.

Oder von einem, den sein Hund aus dem Wasser gezogen hat. Auch das wäre eine gute Geschichte. Gut, also die Geschichte von dem Engel, zu dem ich sagen konnte: Er war mein Mann.

Wo fange ich nur an, bei dem Leben oder dem Tod? Bei der Liebe, es ist immer besser, bei der Liebe anzufangen. Die Liebe und das Leben heißt es, selten die Liebe und der Tod, obwohl ich mir da nicht mehr so sicher bin.

Verlaß mich nicht, sagte er in den letzten Tagen viele Male.

Ich verlasse dich nicht, sagte ich in den letzten Tagen viele Male. Wir hielten uns an der Hand wie ein junges Liebespaar oder eher wie ein alt gewordenes Ehepaar, denn die Kraft war dahin. Ich half ihm beim Anziehen des Pullovers, wenn er fror, und beim Ausziehen des Pullovers, wenn er schwitzte. Ich deckte ihn zu und hielt seinen Kopf, damit er die Tablette schlucken konnte.

Vielleicht sollte ich doch besser die Geschichte von dem erzählen, der das Glück gehabt hat, von seinem Hund aus dem Wasser gezogen worden zu sein; denn das wäre eine gute Geschichte. Meine Geschichte ist eine wahre Geschichte, die anderen sicher auch, aber ich will sie gar nicht erzählen, die anderen, sondern den Engel ins Bild bringen, dessen Gesicht ich nie gesehen habe.

Noch ist der Engel nicht erschienen, noch leben wir zusammen wie ein alt gewordenes Ehepaar. Mit jedem Tag geht er mehr von mir, der nie krank war, der fröhlichste von allen.

Bleib bei mir.

Ich bleibe bei dir.

Er wollte keinen Arzt, er fürchtete, in eine Anstalt gebracht zu wer-

den. Das Internat, in dem er acht Jahre nach dem Tod der Eltern lebte, war eine Anstalt.

Dahin gehe ich nicht mehr.

Alles ging zurück, sein Leben in die Kindheit, seine Stimme ins Flü-
stern, sein Körper ins Auflösen.

Bleib bei mir.

Ich blieb bei ihm, soviel Liebe hatte ich die ganzen Jahre gesammelt,
daß ich an ihre Kraft glaubte.

Es war nicht genug. Mit dem Zug fuhren wir den Rhein entlang in
eine Stadt, eine alte Tante im Krankenhaus zu besuchen. Er sprach
kein Wort.

Die Geschichte mit dem Hund und dem Mann wäre besser, aber der
Engel wartet schon, ins Bild gerufen zu werden, so muß ich meine Geschichte, die wahre Geschichte denn zu Ende erzählen.

Als der Zug nach Hause in den Bahnhof einfährt, geht er von den
Lebenden, er, der auch kein Sprechender mehr war.

Nein! Der Zug hält. Nein! Menschen steigen aus und ein. Nein!

Da nimmt mich der Engel in den Arm. Er trägt ein dunkles Sweatshirt, aber sein Gesicht habe ich nie gesehen.

Er war mein Mann, sage ich dem Engel.

O Gott, o Gott, sagt der Engel.

Engel sagen das in einem solchen Augenblick, sie dürfen es und holen Gott zu den Menschen, die nichts begreifen. Sie holen ihn zu den
Lebenden und den Toten und überwinden die Entfernung zwischen
Erde und Himmel. Die Erde, auf der ich stand, war hart, sie dröhnte,
und ich weiß nicht, ob der Engel aus dem Zug ausgestiegen war oder
in den Zug einsteigen wollte. Menschen gingen vorbei, vorüber, der
Engel aber blieb stehen, sein Sweatshirt war dunkel und seine Stimme,
als sie sagte: O Gott, o Gott, als ein Mensch von den Lebenden ging,
allein, aber nicht einsam; denn ich war bei ihm in seinem Tod.

Es ist keine gute Geschichte, ich weiß, so wie die Zeit auch keine
gute ist, Gegenwart und Vergangenheit sind nicht abgegrenzt in meinem Leben, das ist nicht wichtig. Wichtig ist, das Glück festzuhalten,
einem Engel begegnet zu sein, zu dem ich sagen konnte: Er war mein
Mann.

Helga Hochmann

Friedhofsgespräche

Freitag, 15. April 1994, 18.35 Uhr

Wahrheit – was ist die Wahrheit, das ist, daß Du hier vor mir liegst, zwei Meter unter der Erde oder eineinhalb, mit Blumen bedeckt, die heute nicht naß sind. Und es wäre schön, könnte es hier immer so aussehen. Ein bunter blühender Garten. Ich wünsche Dir, daß Du jetzt in einem bunten blühenden Garten bist, durch den Du wandeln kannst. Irgendwo in einer anderen Welt. Und doch kann ich Dich hier noch so sehr fühlen. Ganz am Anfang unserer Freundschaft hast Du mal gesagt oder geschrieben, daß ich das Loslassen lernen muß. Ich weiß nicht, Inge, ist es eine letzte große Prüfung für mich? Habe ich Dich noch nicht losgelassen? Nicht genug, in den Jahren, die wir uns kennen?

Ich habe schon von Dir gelassen. Aber ich habe nicht aufgehört, Dich zu lieben und Dich zu achten und daran zu denken, was du für mein Leben warst und immer noch bist. Wenn ich Dich jetzt loslasse – ist das nicht vergessen?

Lade ich dann Schuld auf mich, wenn ich Dich lasse? Wo ist die Grenze zwischen Loslassen und Vergessen? Natürlich wünsche ich mir, daß Du noch lebst, aber ich wünsche mir nicht, daß Du lebst und leidest. Wenn Du also nur leben kannst mit Leid, dann lasse ich Dich gerne gehen. Denn immer nur wollte ich, daß es Dir gutgeht. Immer nur wollte ich, daß Du glücklich bist und daß Dich niemand verletzt. Darum, Inge, konnte ich R. akzeptieren, eines Tages. Weil ich dachte, daß Du mit ihm Dein Glück gefunden hast. Daß er sich endlich zu Dir bekannt hat. Hätte ich Dich besucht in den letzten Monaten, Inge, dann wüßte ich vielleicht, was *Deine* Wahrheit ist. Gerne würde ich R. fragen, wie es Dir ging, in den letzten Wochen, wie es war, wie Du ausgesehen hast. Es ist eine große Lücke in meinen Erinnerungen, Inge. Und doch: Das wäre ja *seine* Wahrheit. Das war auch der Grund, warum ich im Januar nicht nochmal angerufen hab. Ich wollte nicht jemand andern fragen, wie es Dir geht. Ich wollte eigentlich mit Dir selber sprechen. Und ich habe so lange gebraucht, bis ich die Kraft dazu hatte. Und als ich die Kraft dazu hatte, starbst Du. Ich weiß noch nicht, Inge, was ich daraus zu lernen habe. Und ich weiß noch nicht, wo ich Schuld auf mich geladen habe und wieviel und wie ich sie abtragen kann. Ich weiß nur eines: daß ich für mein weiteres Leben ein Vermächtnis tragen will. Und das ist es, was ich in der nächsten Zeit herausfinden will: Was Dein Leben für mein Leben bedeutet. Was Du mir vorgelebt hast. *Meine* Wahrheit. Das ist auch alles *meine* Wahrheit: Das Bild, das ich von Dir habe, die Zeit, die ich mit Dir erlebt habe, die Briefe, die wir geschrieben haben. Meine Wahrheit von Dir ist sich eine andere als R.s Wahrheit, als die Wahrheit Deiner Eltern, Deiner Mutter, die Dich gepflegt hat. Jeder Mensch hat seine eigene Wahrheit. Und jeder Mensch hatte seinen eigenen Weg mit Dir. Und jeder Mensch hat seine eigenen Erinnerungen an Dich. Und jedem Menschen hast Du ein anderes Vermächtnis gegeben.

Nachts kann ich seit einigen Tagen wieder schlafen, ohne zu weinen. Zuviel habe ich nachts geweint, als ich Angst hatte, Du könntest sterben. Als ich nicht loslassen konnte. Jetzt, wo ich loslassen mußte bis zu einem gewissen Grad, quäle ich mich weniger. Ich fühle, wie Frieden ausströmt von Deinem Grab und in mich einzieht, sich ausbreitet in mir. Und ich möchte meine Arme ausbreiten, alle Blumen umfassen von beiden Seiten und Dich umarmen. Mein Herz geht auf und umarmt Dich. Ich muß es nicht wirklich tun. Inge, ich liebe Dich. Scheiße – warum bist Du gegangen? Warum? Ich verstehe es nicht. Warum? Warum? Warum? Inge, ich glaube, bei Dir hat sich Dein Gott vertan. Er hat Dich verwechselt. Oder hatten alle um Dich herum so viel zu lernen, daß Du für sie so lange bleiben mußtest?

Ich hätte mit dem Motorrad fahren können. Das Wetter ist sehr verlockend. Aber ich brauche den Weg. Ich brauche die Zeit zu Dir hin, von Dir weg.

Helga Hochmann

Tage wie Jahre

Schreibend
Hoffnungsbrücken bauen

Fundamente
die ich später
begehen kann

wenn die Kraft
zurückkehrt
mit dem Glauben

eines Tages

(18. Mai 1994)

Helga Hochmann

Wenn

Wenn ich
im Glanz der Sonne
Dein Lächeln nicht sehe

Wenn ich
im Gesang der Vögel
Deine Stimme nicht höre

Wenn ich
im fallenden Regen
Deine Tränen nicht sehe

Wenn ich
in fremden Gesichtern
Deines nicht suche

Dann
erst dann
bist Du wirklich gestorben

(23. Mai 1994)

Heidi Huber

Spüre wieder

Spüre wieder
Boden
unter den Füßen,
halte den Schotter
unter den Sohlen aus,
ohne gleich nach Mooswegen zu suchen

Clara Bertelsmann

Ganz leise

An diesem dunklen, kalten Morgen
probt ein Vogel
ganz leise seine Stimme.
                    Hoffnung.

Bestimmte Lebenssituationen erfordern es, Altbekanntes und Bewährtes hinter sich zu lassen, Abschied zu nehmen von vertrauten Strukturen, von liebgewonnenen Menschen. Kinder trennen sich von ihren Eltern (und umgekehrt), Paare merken nach Jahren gemeinsamer Lebensführung, daß sie sich gegenseitig einengen, und spüren den Drang, sich voneinander zu befreien. Der Tod nahestehender Personen zwingt zu Ablösung und Neubeginn. Dieser Schritt fällt oftmals schwer. Erinnerungen werden wach und verschaffen sich Raum. Bevor wir neue Wege einschlagen, müssen die alten noch einmal begangen werden, um sie dann endgültig zu verlassen. Wir durchleben ein zweites Mal vergangene Ereignisse und Situationen, ehe wir sie hinter uns lassen können. Solche Wiederholungen erfüllen eine wichtige Funktion in der psychischen Verarbeitung zurückliegender Erfahrungen.

Elisabeth Mardorf empfiehlt das Schreiben gerade in biographischen Umbruchsituationen, wenn wir uns im »Niemandsland« zwischen Altem und Neuem vorantasten:

»Wir halten es in den gewohnten Lebensumständen nicht mehr aus, aber wir wissen noch nicht, in welche Richtung es gehen soll. Wir haben Ideen und Sehnsüchte, aber der Verstand hebt den warnenden Zeigefinger. Wir sind hin- und hergerissen zwischen dem Alten und dem Neuen, zwischen dem Vertrauten und dem Unbekannten. Im Alten sind wir nicht mehr heimisch, aber im Neuen noch nicht angekommen« (Mardorf 1999).

Erinnerungen aufzuschreiben, ist eine Möglichkeit biographischer Revision. Schreibend können wir wichtige Episoden wiederbeleben, sie aus einer gewissen Distanz heraus betrachten und in unser Lebenspuzzle einfügen. Im eigenen Tempo verabschieden wir uns von veralteten Strukturen. Oft ist der Prozeß der Niederschrift zunächst sehr schmerzhaft. Türen werden aufgestoßen, die bislang aus guten Gründen wohl verschlossen waren. Das Schreiben regt in uns Seiten an, die uns überraschen, die uns womöglich gar nicht gefallen und uns aus dem Gleichgewicht bringen. Wir schreiben uns vielleicht weiter in eine Krise hinein. Und wir verlieren zwischenzeitlich das Ziel unserer Schreibreise aus den Augen. Das alles kann sehr quälend sein, und es ist wichtig zu spüren, wann wir Begleitung brauchen – durch ein Gespräch mit einer nahen Bezugsperson oder im Rahmen einer professionellen Psychotherapie.

Menschen, die schreibend ihre wunden Punkte berührt, sich an schmerzhafte Verletzungen angenähert und sich den Gefährdungen der Selbstanalyse gestellt haben, schildern aber auch, wie ihnen das Schreiben geholfen hat, eine Krise zu überstehen und gestärkt aus ihr hervorzugehen.

»Als ich dann weiter schrieb, bin ich in eine Depression als Reaktion auf das Unbewältigte hineingeglitten. Das Aufschreiben hat den Ausbruch der Krise also nicht verhindert, was es, wie ich denke, auch nicht soll. Es war auch so, daß die schmerzhafte Beschäftigung mit diesem Thema ihren Ausbruch sicherlich verstärkte. Jetzt, ein halbes Jahr später, merke ich, wie das Schreiben des allmählich fertig werdenden Textes mir langsam wieder heraushilft« (Eva J.).

Gerade als krisenhaft empfundene Phasen und Umbrüche im Lebenslauf eröffnen, so man sich ihnen aktiv zuwendet, neue Entwicklungsmöglichkeiten und markieren nicht selten Stationen persönlichen Wachstums. Wir scheinen mit Hilfe der Literatur Grenzen überschreiten zu können, und finden auf gleichem Wege wieder zurück. Wir wachsen mit und in unseren Texten und wagen einen neuen Aufbruch.

»Des Lebens Ruf an uns wird niemals enden [...] Wohlan denn Herz, nimm Abschied und gesunde« (Hermann Hesse).

Schreiben im Internet

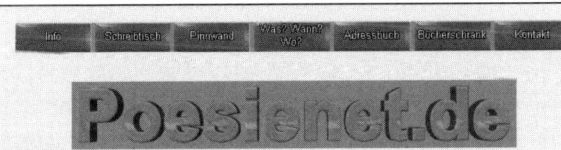

...ist ein Treffpunkt für Menschen, die schreibend ihr seelisches Erleben ausdrücken. Hier können Sie eigene Texte veröffentlichen, Texte anderer lesen, Kontakt zu anderen aufnehmen und nützliche Informationen erhalten.

Herzlich willkommen!

[Seitenanfang] - [Start] - [Info] - [Schreibtisch] - [Pinnwand] - [Was? Wann? Wo?] - [Adressbuch] - [Bücherschrank] - [Kontakt] - [eMail an den Autor]

INFO

Schreiben kann in dreifacher Hinsicht heilend wirken. Wir können uns ausdrücken und dabei vielleicht etwas loswerden. Oder wir können uns schreibend etwas verdichtend aneignen. Und wir teilen durch Schreiben anderen etwas mit und suchen Resonanz.

Poesienet.de ist das gemeinsame Arbeitszimmer für Schreibende. Poesie ist hierbei weit zu verstehen, als all das, was schreibend seelisches Erleben ausdrückt. Tagebuchseiten, Gedichte, Geschichten, Briefe, Essays, Wortspiele, Märchen,... Textformen gibt es viele.

Auf dem Schreibtisch legen Schreibende ihre Texte aus. Nach Themen geordnet finden Sie diese Texte, können sie kommentieren, den Autorinnen und Autoren antworten. Bei der Auswahl der eingesandten Texte legen wir mehr Wert auf die emotionale Ausdruckskraft als auf ästhetische Formgebung.

An der Pinnwand können Sie Kommentare über Poesienet.de abgeben, Sie können Grüße loswerden, Anzeigen veröffentlichen (Suche/Biete), oder einfach schreiben, was Ihnen gerade in den Sinn kommt. Somit ermöglicht die Pinnwand die Kontaktsuche und den schnellen Informationsaustausch.

Die Rubrik Was? Wann? Wo? ist ein Veranstaltungskalender, der über Seminarangebote zum Thema "Kreatives Schreiben" und "Schreiben und Therapie" informiert. Ausserdem können Sie hier die Termine von Schreibgruppen finden oder selbst veröffentlichen.

Das Adressbuch gibt Auskunft über weitere literarische und therapeutische Angebote im und außerhalb des Internets.

Dann gibt es noch den Bücherschrank, in dem sich Rezensionen von Büchern über das Thema Schreiben finden. Bei einigen empfohlenen Büchern besteht die Möglichkeit, mit einem Klick zu den Internetseiten vom Affenkönig-Verlag zu kommen, wo diese Bücher dann bestellt werden können.

Hinter dem Link Kontakt befinden sich die eMail-Adressen und Postanschrift der Macher von Poesienet.de. Hier können Sie eigene Texte einreichen, Fragen stellen und Kritik äußern. Wir freuen uns auch über Anregungen, wie wir unsere Seiten verbessern können.

[Seitenanfang] - [Start] - [Info] - [Schreibtisch] - [Pinnwand] - [Was? Wann? Wo?] - [Adressbuch] - [Bücherschrank] - [Kontakt] - [eMail an den Autor]

D as Internet, technisch gesehen nichts weiter als ein globales Netz von Computern, hat neue Kommunikationstechniken und spezielle Ausdrucksweisen hervorgebracht.

»*Das Internet erschließt dem Einzelnen eine neue Welt, und er wird Teil einer neuen Kommunikationsgemeinschaft, einer weltweiten Gemeinschaft von Menschen, die einem elektronischen System geregelter gemeinsamer Kommunikationen angehören. [...] Die E-Mail-Kommunikation ist der elektronisch beschleunigte Briefverkehr, in dem Verabredungen getroffen, Informationen subskribiert und Geschäfte getätigt werden, mittels dessen Werbung verschickt wird wie auch Bilder und Töne. In Diskussionsgruppen, sog. Newsgroups, wird wissenschaftlich konferiert, über Gott und die Welt diskutiert, zu jedem denkbaren Thema gibt es Diskussionsforen, an denen man partizipieren kann. Die Chat-Kommunikation ist ein komplexer Kommunikationsraum, der aus zahlreichen Channels besteht, in denen sich Menschen treffen, um zu plaudern, neue Leute kennen zu lernen, Informationen auszutauschen, zu spielen oder zu flirten*« (Schlobinski 2000).

Neben der direkten Kommunikation bietet das Internet zahlreiche Möglichkeiten indirekter Kommunikation. Indem man Datenbanken abruft, Bücher recherchiert oder kauft, Homepages aufsucht oder Online-Zeitungen liest, kommuniziert man indirekt mit denen, die diese Informationen ins Netz gestellt haben, auch wenn sie namentlich meist nicht zu identifizieren sind. Die Haltungen gegenüber diesen Entwicklungen sind sehr unterschiedlich. Sie schwanken zwischen blinder Fortschrittsgläubigkeit und Kulturpessimismus. Die Befürchtung vieler, die Internet-Kommunikation ersetze nach und nach die face-to-face-Kommunikation und führe in letzter Konsequenz zu einer anonymen, zerbrechlichen Kommunikationspraxis, in der niemand mehr die Verantwortung für seine Aussagen übernimmt, erweist sich nach neueren Untersuchungen als übertrieben:

»*Trotz der ökonomischen Bedeutung des Internets, trotz elektronischem Buch und E-Zines, trotz Web-Radio und Online-Shopping werden die meisten weiterhin ihre Tageszeitung und Bücher lesen sowie auf dem Markt einkaufen und in einem Restaurant essen gehen. Das Internet ersetzt nicht alle Kommunikationspraxen, sondern erweitert und modifiziert einige, erübrigt andere und tangiert viele überhaupt nicht. Es fusioniert mit bestehenden Medien und wird ein alltäglicher Bestandteil moderner Industriegesellschaften sein«* (ebd.).

Welche Auswirkungen hat dies auf unsere Schreibkultur? Welche Möglichkeiten der Darstellung individueller Erfahrungen mit Krisen bietet das neue Medium? Und vor allem: Können wir uns über das Internet endlich frei und weltweit über unsere Erfahrungen austauschen, Texte anderer lesen und Selbstgeschriebenes weitergeben?

Es steht bereits eine Menge Literatur im Netz. Dabei handelt es sich zum einen um digitale Texte, die auch in Buchform publiziert sind (Goethe, Kafka, Nietzsche u. v. m.) und die man nun dank der neuen Technik nach bestimmten Stellen durchforsten, bearbeiten und kostenlos downloaden kann. Die umfangreichste Sammlung von Online-Literatur wird in Deutschland vom Gutenberg-Projekt zur Verfügung gestellt (**http://gutenberg.aol.de**). Zum anderen gibt es Texte, die nur (noch) digital erscheinen (z. B. Manuals, Handbücher, Kataloge), um unnötige, kiloschwere Berge von Druckwerken zu vermeiden.

Wenn sich Autoren und Autorinnen die digitale Technik zunutze machen, um ihre Texte nicht im Buchformat, sondern als Internet-Datei zu publizieren, spricht man von »Netzliteratur« (Runkehl 2000). Sie bietet gegenüber der herkömmlichen Form der Veröffentlichung einige Vorteile: Man ist unabhängig von der Gunst der Verlage, spart die Druckkosten und kann mit kreativen Formen der elektronischen Textgestaltung spielen. Bei der Gestaltung eines Hypertextes (d. h. eines elektronischen Textes, in dem man durch Verbindungen zwischen einzelnen Wörtern und Abschnitten per Mausklick hin- und herspringt) kann der Autor/die Autorin parallele und sich überkreuzende Handlungsstränge entwerfen, Verzweigungen einbauen oder Alternativen vorschlagen. Der Hypertext ist offen, er kann jederzeit fortgeschrieben werden, der Leser/die Leserin schlägt beliebige Lesepfade ein und wird selbst zum Autor/zur Autorin, »*teilweise verschwimmen die gewohnten Grenzen zwischen mündlichem und schriftlichem Sprachgebrauch, Text und Bild gehen neue Verbindungen ein, schriftliche Texte wandern in multimediale Kontexte ein*« (Reuen/ Schmitz 2000). Und: »*Da das Internet sowohl Publikations- als auch Kommunikationsmedium ist, ermöglicht es den direkten gedanklichen Austausch zwischen Autor und Leser*« (ebd.). Solche Literaturforen findet man im deutschsprachigen Raum unter zahlreichen Adressen, bei-

spielsweise unter **http://www.literaturcafe.de** oder
http://www.berlinerzimmer.de/eliteratur.

Darüber hinaus gibt eine Reihe von Angeboten im Netz, die sich
speziell an Menschen in Lebenskrisen richten. Neben vielfältigen
Beratungs- und Selbsthilfeangeboten (am besten abzurufen über
http://www.psychiatrie.de), etabliert sich allmählich ein Forum, in
dem Betroffene ihre Texte austauschen und darüber in eine Diskussi-
on mit einer interessierten Öffentlichkeit treten. Im »Poesienet«
(http://www.poesienet.de) etwa können Menschen, die schreibend
inneres Erleben verarbeiten, ihre Texte veröffentlichen, die Texte anderer lesen und in Kontakt zu den jeweiligen Autoren und Autorinnen
treten. Aber auch an anderen Stellen (etwa im Psychiatrie-Netz oder
auf privaten Homepages) findet man Erfahrungsberichte und literarische Texte aus Lebenskrisen. Die Autoren und Autorinnen nutzen
nicht immer alle technischen Möglichkeiten des Internets wie Hyper-
fiction, Collaborative-Writing-Projekte (Autorenkollektive) oder
Work-in-Progress-Projekte, aber selbst wenn sie sich herkömmlicher
Schreibstrategien bedienen, bietet die Online-Verbindung allemal er-
weiterte Chancen kommunikativen Austauschs.

Es lohnt sich, bei Gelegenheit nach Belieben herumzusurfen. Damit Sie dabei nicht abtreiben und an Ufer gespült werden, die Sie gar
nicht angesteuert haben, hier einige nützliche Adressen (die natürlich
nicht annähernd vollständig sind, sondern Stationen unserer eigenen
Erkundungsfahrt waren):

Literatur im Netz – Literaturforen

http://www.berlinerzimmer.de/eliteratur	Salon im Netz, Treff- und Orientierungspunkt für AutorInnen und LeserInnen, Hyperfiction, Rezensionen, Adressen, Surftips
http://www.bla2.de/liste.htm	zahlreiche Links zum Thema Literatur und Lyrik
http://www.eichborn.com/kaiser	Materialien zur Belletristik
http://www.grass-gis.de/bibliotheken/buecher.html	Verzeichnis der online kopierbaren Bücher
http://gutenberg.aol.de/	digitale Bibliothek mit Autorenverzeichnis und Kurzbiographien sowie große Werkauswahl
http://www.gvoon.de	kollektives Schreiben
http://www.literaturcafe.de	Texte zum Lesen und Selberschreiben
http://www.nautilus.de	thematisch geordnetes Verzeichnis der Volltexte im Internet
http://www.netzliteratur.de/index.html	Mailingliste Netzliteratur
http://www.update.ch/beluga/hyperfic.html	Liste von Hypertext-Literatur
http://www.wortspiegel.de	Zeitschrift für Schreibgruppen und Schreibinteressierte
http://www.xlibris.de	Biographien und Einführungen zu deutschen Klassikern

Schreiben in psychischen Krisen – therapeutisches Schreiben

http://www.affenkoenig.de	Bücher, CDs und anderes für Menschen, die mit anderen Menschen arbeiten und denen dabei die Worte allein nicht reichen
http://www.antipsychiatrieverlag.de	Psychiatrie-Rechtsratgeber sowie kritische Literatur zum Thema »Normalität und Verrücktheit«, Erfahrungsberichte
http://www.asfh-berlin.de/frame12.html	Hochschuldidaktisches Zentrum der Alice-Salomon-Fachhochschule Berlin, Seminarangebote im Bereich kreativen, wissenschaftlichen und therapeutischen Schreibens
http://www.bulimie-borderline.de	Gedichte und Geschichten, Treffpunkt für Menschen mit psychischen Problemen

http://deuserv.uni-muenster.de/IfdSULuiD/Arbeitsstellen/Randgruppen/frames12.html	Dokumentationsstelle Randgruppenkultur/-literatur der Uni Münster, Archiv, Bibliothek, Buchtips, Kulturfestivals, wissenschaftliche Auswertungen
http://www.integrative-therapie.de	Fritz Perls Institut, Fortbildungsangebote im Bereich Integrativer Therapie, Kunst- und Kreativitätstherapie, Poesie- und Bibliotherapie
http://www.irresein.de	private Homepage von Matthias Schaffrath
http://www.kuckuck.solution.de	Infos zu Fragen der Psychiatrie, Lebensgeschichten
http://www.manisch-depressiv.de	private Homepage von Wolfgang Baitz
http://www.paranus.de	integratives Verlagsprojekt, Zeitschrift »Brückenschlag«, Bücher zu aktuellen sozial- und gesundheitspolitischen Themen
http://www.psychiatrie.de	Psychiatrienetz mit Beratungsangeboten, Adressen, Buch- und Filmtips, Texten von Psychiatrie-Erfahrenen und deren Angehörigen
http://www.psychiatrie.de/verlag	Psychiatrie-Verlag Bonn einschließlich Edition Balance, in der Texte von Psychiatrie-Erfahrenen veröffentlicht werden
http://rhoefl.freepage.de	private Homepage von Rainer Höflacher
http://www.schwarze-rose.de	private Homepage von Katrin Jaeger
http://www.zukunftswerkstatt-interaktiv.de	Tanz, Musik und Gestaltungstherapie, Kompaktcurriculum »Schreiben und Lesen als Medien im therapeutischen Prozeß«

Lesen

Über die »feinen, unsichtbaren Wirkungen« der Literatur

Machen wir es einmal anders herum und philosophieren nicht im allgemeinen darüber, was Literatur als solche bewirken kann oder welche Ziele und Methoden des Lesens es generell geben könnte. Fragen wir uns vielmehr selbst: Was bedeutet mir Lesen? Was hat es mir in meiner Kindheit bedeutet? Was habe ich beim Hören eines Märchens, beim Durchblättern eines Bilderbuches, beim staunenden Betrachten unbekannter Schrift, beim ersten Entziffern der Buchstaben und Worte, beim ersten Durchlesen eines Buches, beim Betreten einer Bibliothek, beim Ausleihen oder Kaufen von mir ausgewählter Bücher, Zeitschriften oder Comics empfunden? Welche Empfindungen haben mich durchströmt (und tun dies vielleicht bis heute noch) beim Anfassen eines Buches, beim Anblättern, beim Riechen des Papiers, beim neugierigen oder auch begierigen Assoziieren erwarteter Leseerlebnisse? Welche Kinderbücher, Abenteuerromane, Western, Mädchenbücher, Popzeitschriften, Hobbybücher, Bildbände, Internet-Seiten sind mir in Erinnerung? Welche Bücher haben mich interessiert, fasziniert, informiert, orientiert oder auch gelangweilt, abgeschreckt?

Nehmen wir uns Zeit für solche Fragen. Vielleicht schreiben Sie Ihre Erinnerungen oder momentanen Eindrücke einmal auf. Es ist wichtig, daß wir uns darüber bewußt werden, was wichtig für u n s war und ist, welche Literatur von der Weltliteratur bis zur Unterhaltungsliteratur und zu Sachbüchern. Wir werden erstaunt sein, welche Fülle von Erinnerungen in uns vorhanden ist, wie reich der Erfahrungsschatz ist und wie intensiv viele Leseerlebnisse sind.

Ein solches Schreibexperiment zur Bewußtmachung der eigenen Leseerfahrung führen wir bisweilen auch in Universitätsseminaren

durch. Die Studentinnen und Studenten sind oft über die Fülle ihrer
Erinnerungen überrascht und bemerken, wie schnell Vorurteile gegenüber dem Lesen wegbrechen. Ein verbreitetes Vorurteil meint, Lesen sei etwas so Selbstverständliches und Alltägliches, daß ein Sprechen darüber nicht lohne. Lohnt es wirklich nicht? Was wäre, wenn
wir – wie ein beachtlicher Teil der Weltbevölkerung – nicht lesen
könnten? Die Schrift nicht entziffern? Die Welt- und Icherfahrungen in
vielen wunderbaren Texten nicht wahrnehmen könnten? Momente
des Glücks, der Verzweiflung, der Trauer, der Liebe oder Erlösung, wie
sie uns beim Lesen oft ergreifend begegnet sind, nicht erleben könnten?

Christa Wolf stellt sich in einem schönen Essay die Frage, was wäre,
wenn sie nie die »feinen, unsichtbaren Wirkungen« der Literatur und
des Lesens hätte erfahren können. Sie mag sich die Folgen kaum vorstellen: »*Brennende Tränen sind ungeweint geblieben; der Hexe im
Märchen wurden nicht die Augen ausgekratzt; die jubelnde Erleichterung über die Rettung eines Helden habe ich nicht kennengelernt; nie
bin ich zu den phantastischen Träumen angeregt worden, die ich mir
im Dunkeln erzähle. Ich weiß nicht, daß Völker verschieden sind und
doch einander ähnlich. Meine Moral ist nicht entwickelt, ich leide an
geistiger Auszehrung, meine Phantasie ist verkümmert. Vergleichen,
urteilen fällt mir schwer. Schön und häßlich, gut und böse sind
schwankende, unsichere Begriffe. Es steht schlecht um mich ...*«

Ein weiteres Vorurteil läßt sich ganz und gar nicht halten: Lesen sei
im Zeitalter der neuen Medien antiquiert. Zweifellos befinden wir uns
momentan in einer dramatischen Medien- und Kulturrevolution, und
natürlich ändern sich damit auch Formen und Gegenstände des Lesens und der Wahrnehmung von Büchern. In einer großangelegten
Untersuchung zum »Leseverhalten in Deutschland im neuen Jahrtausend«, die von der Stiftung Lesen und dem Spiegel-Verlag soeben ver-
öffentlicht wurde, wird durchaus auch eine Verschiebung der Lesezeit
in einigen Bevölkerungsgruppen vom Buchlesen zum Computer-Le-
sen sichtbar. Die generelle Einschätzung aber lautet: »*Dafür, dass der
PC das Bücherlesen in bemerkenswertem Umfang verhindert, gibt es
keine Belege. Im Gegenteil: PC-Besitzer weisen darauf hin, dass das
Lesen am Bildschirm die viel sinnlichere Lektüre eines Buches nicht
ersetzen kann*« (Stiftung Lesen 2001).

Wir müssen also nicht verschämt zugeben, daß wir noch immer am Lesen festhalten oder gar am traditionellen Buch. Lesen ist verbreitet wie eh und je, auch das von Büchern und schöner Literatur. Es ist wichtig, oft genug sogar lebenswichtig, und es kann interessant sein, anstrengend, lästig, schön, erfüllend, intensiv, aufrüttelnd, erschütternd und bereichernd. Wir lesen, wenn wir intensiv lesen, mit allen Sinnen, dem Körper, der Seele und dem Verstand. Lesen ist eine ganzheitliche Aktivität, und es gibt sie, diese vielfältigen Wirkungen, sie berühren und prägen den Einzelnen bis in die Tiefenbereiche der Person. Und natürlich ist Lesen ein nach wie vor eindrucksvolles soziales Phänomen, das Teil der Kultur ist und sie entscheidend beeinflußt.

Anläßlich einer Tagung mit dem Thema »Leseglück« berichtet E. Noelle-Neumann vom Institut für Demoskopie Allensbach über ihre jahrzehntelangen Forschungen zum Zusammenhang von »Glück«, Persönlichkeitsentwicklung und Lesen. Gewiß lassen sich die unsichtbaren Wirkungen des Lesens empirisch nicht im einzelnen erfassen, aber es ist doch wichtig, daß sich als Ergebnis der Forschung ein Zusammenhang zwischen intensivem Lesen, einem erfüllten, »glücklichen« Leben und der Entwicklung einer »starken« Persönlichkeit ergibt (Bellebaum/ Muth, 1996).

Auf die ihr eigene unpathetische und klare Art hat Astrid Lindgren, die sich mit Lesen und Schreiben bestens auskannte, ähnliche Zusammenhänge beobachtet: »*Nehmt zehn jetzt lebende Menschen, die ihr hochschätzt und von denen ihr meint, daß sie wirklich etwas für die Menschheit geleistet haben, geht zurück bis in ihre Kindheit, blättert die Jahre um, und ich bin davon überzeugt, ihr findet zehn kleine Leseratten. Vielleicht waren es nicht immer sogenannte ›gute‹ Bücher, die sie gelesen haben, aber gelesen haben sie, dessen bin ich sicher. Die Bücher gaben ihrer Phantasie Nahrung, und Phantasie war genau das, was sie brauchten, als sie sich als Erwachsene anschickten, die Welt zu verändern. Denn alles, was geschieht, muß zunächst einmal in der Phantasie eines Menschen Gestalt annehmen, wie sonst sollte es entstehen*« (A. Lindgren, Das entschwundene Land 1977).

Heilkraft des Lesens

Nina R.

Mein Herz krümmt sich am Boden

Sonntag, 2. Januar (Tagebuchnotiz)

Mein Herz krümmt sich am Boden. Schon nachmittags gehe ich zu Bett und lese E. Fromm, »Die Kunst des Liebens«. Das macht mir Mut. Ich glaube an mich. Ich bin mir meiner Liebe ganz sicher.

Christiana D.

Begann die Kraft zu spüren, die aus diesen Büchern sprach

Schreiben und Lesen zieht sich durch mein bisheriges Leben, seit ich es kann. Im Alter von 9 bis 17 führte ich intensiv Tagebuch. Ich bedauere heute noch zutiefst, es als 18-Jährige verbrannt zu haben, in dem Irrglauben, dadurch die negativen Erinnerungen an meine Kindheit und Jugend unwiderruflich zu verbannen. In meinen zahlreichen späteren Therapien und Therapieversuchen hätten mir diese Aufzeichnungen sicher in vielem weitergeholfen, aber die scheinbare Zerstörung meiner unglücklichen Vergangenheit schien mir damals unbedingt notwendig. Weh tut es mir heute als Erwachsene noch, einen Teil meines damaligen Selbst vernichtet zu haben, und auch deshalb,

weil ich mit Bücherverbrennung jetzt viel schlimmere Assoziationen
verbinde, als ich damals ahnen konnte.

Ich war bis zum Alter von ca. 14 Jahren, bevor ich für
Freunde/Freundinnen zugänglicher wurde, ein einsames Kind. Von
materiell Notwendigem war ich mehr als genug umgeben, aber ebenso vom Nein echter Liebe. Lesend tauchte ich in andere Welten, in
Biographien berühmter Menschen, verschlang Karl May in der zeit-
weisen Vorstellung, am Marterpfahl zu stehen und jeden Schmerz zu
ertragen, dann wieder in das Bild des draufgängerischen, kämpfenden
Cowgirls, das ohne Angst auf dem Pferd durch die Prärie stürmte.
Letzteres gab mir Stärke.

Mein Erwachsenenleben war jahrelang von Depressionen und neu-
rotischen Ängsten geprägt. Als ich von meiner Geburtsstadt, die für
mich Kleinstadtmief und bösartigen Klatsch bedeutete, nach Berlin, in
die anonyme Großstadt zog, ging es mir vorübergehend besser, bis die
Schlange »Angst« wieder von mir Besitz ergriff. Trotzdem absolvierte
ich erfolgreich mein Psychologiestudium (zu dem mich der Wunsch
trieb, später anderen die Hilfe zukommen zu lassen, die ich als Kind
gebraucht hätte), war einige Jahre arbeitsfähig, angetrieben von der
Motivation, meine begonnene Autobiographie fertigzustellen. Beim
Schreiben derselben durchlebte ich starke Gefühlsbäder: vor allem
Schmerz, Trauer, Angst und Wut, aber auch innerliche Befreiung, Erleichterung und die Freude des Erkennens, wie viel an Enttäuschung,
Liebesentzug und Diskriminierung ich überlebt habe. Mein damaliger
Therapeut hatte mir in einigem weitergeholfen, nur mein Schreiben
nahm er leider nie ernst. Einen Verlag für die Autobiographie fand ich
nicht; sie war zu »hinunterziehend«. Frauenbuchverlage beispielswei-
se hatten inzwischen das Vorbild der »starken Frau« entdeckt, und die
Zeit der »Selbsterfahrungsliteratur« war ohnehin vorbei. Ich wollte
mit einer Veröffentlichung nicht Mitleid heischen, eher anderen mitteilen, was mir widerfahren war, um so anderen Betroffenen die Möglichkeit zu geben, sich wiederzufinden. Auch wollte ich mich nicht
mehr in meiner Angst verstecken, derer ich mich oft schämte, verstärkt durch die Tatsache, Psychologin zu sein. Heute sehe ich es als
am wichtigsten an, daß das Schreiben über meine Vergangenheit mir
half, sie ein Stück zu bewältigen, und letztendlich eine Überlebens-
strategie war.

Inzwischen arbeitete ich als Therapeutin mit Kindern und Erwachsenen und befand mich in der Mitte einer Therapieausbildung. Mit Unterstützung der Eigentherapie, die ich ja für die Ausbildung brauchte, verlief mein Leben eine Zeitlang in besseren Bahnen. Bis für mich immer größere Schwierigkeiten mit der Hierarchie in Ausbildungsinstituten entstanden, und ich mich mit meinem Therapeuten zerstritt. Ich arbeitete weiter und so viel, bis ich innerlich ausgebrannt war und meinen Beruf vorübergehend (damals dachte ich, für immer) unterbrechen mußte. Es folgte eine schwere Krise.

LEERE ...

spät aufstehen, Eßanfälle im Wechsel mit Essensverweigerung, Angstzustände in einer Stärke, wie ich sie dachte, nie mehr erleben zu müssen, Beruhigungsmittel, wieder zuviel Alkohol ... ein Nichts, von kurzem Lichtflackern ganz selten durchbrochen. Die Zuwendung und Hilfsbereitschaft meines Lebenspartners nahm ich kaum mehr wahr, konnte nur selten mit ihm aus dem Haus gehen. Frühjahr und Sommer waren gleichgültig geworden, obwohl ich ein »Lichtmensch« bin. Es herrschte nur Dunkel um mich. An Therapeuten glaubte ich nicht mehr, dachte manchmal sogar, die These meiner Mutter stimme, daß ich Angst und Depression von ihr geerbt hätte.

Plötzlich spürte ich ein Kribbeln, einen Drang, wieder etwas zu tun. Und ich erkannte, ich wollte wieder etwas lesen. Nicht mehr nur nichtssagende Zeitschriften, nein, etwas, was mich berührte.

Ich schleppte mich zu meinen Bücherregalen und suchte ... suchte nach Verwandtem, nach Büchern von Frauen, die ähnliche Leiden durchlitten hatten wie ich und – vielleicht – einen Ausweg gefunden hatten. Aber auch das Ausweglose war leichter Balsam; ich fühlte mich weniger alleine. Auf Annemarie Schwarzenbach stieß ich, nachdem ich schon über einige andere Frauen gelesen hatte, die sogenannten »Verrückten«, »Kranken«. Eine Freundin hatte mir einiges von Annemarie Schwarzenbach erzählt mit dem Kommentar, ich erinnere sie an diese. In dem Buch »Das glückliche Tal« fand ich mich wieder: leidend, einsam, zur Sucht tendierend, auf einer Gratwanderung zwischen Leben und Tod. Auch vieles aus ihrer Kurzbiographie erinnerte mich an meine Kindheit und Jugend, aber es gab einen Impuls in mir,

der dagegen rebellierte aufzugeben. Auch sie hatte als Emigrations-
schriftstellerin versucht zu kämpfen, war jedoch zu sehr in ihr Leiden
verstrickt.

Durch Annemarie Schwarzenbach stieß ich auf Klaus Mann, mit
dem sie zeitlebens befreundet war. Klaus Mann hatte letztendlich den
Freitod gewählt, aber er hatte sich lange aufgelehnt und gekämpft.
Das Kämpfen war es, was mich zu interessieren begann. Ich fing an,
gesünder zu leben um einer besseren Konzentration willen, und las
nach Klaus Manns Romanen die Werke anderer Exilautoren wie
Feuchtwanger, Brecht, Werfel, Heinrich und Erika Mann, Hilde Do-
mins Exilgedichte und vieles andere mehr. Wieder fühlte ich Wut,
Trauer, Verzweiflung, diesmal über die Schicksale anderer Menschen. Schon immer war ich gegen Faschismus gewesen, doch jetzt
konnte ich mit dem Verhalten und den Gefühlen der Betroffenen mit-
gehen, entdeckte, daß es auch Frauen gab, die alleine, ohne Mann,
mit dem Exil fertiggeworden sind. Nach den aufwühlenden negativen Gefühlen begann ich die Kraft zu spüren, die aus diesen Büchern
sprach, eine Kraft, von der kleine Teile sich auf mich übertrugen.
Mehr und mehr sah ich, daß tatenloses Zusehen allem Schlimmen gegenüber völlig sinnlos ist. Ich spürte, daß ich lebte, und mich ließ die
Überlegung nicht mehr los, daß dieses Leben auch einen Sinn haben
müßte.

Der Sinn konnte heißen, für Gerechtigkeit zu kämpfen, so gut es
möglich ist, und sich über Unrecht und Bedrohliches zu äußern. Und
– ich begriff mein eigenes erlebtes Exil.

Lisa Lilienthal

Trau dir selbst

Eines Tages sprach ein Arzt über den Bibelvers »Liebe deinen Nächsten wie dich selbst.« Er wiederholte mit Nachdruck: »Wie dich selbst«! Dann sagte er: »Ich kann den Anderen nicht lieben, wenn ich mich selbst nicht liebe. Ich spreche nicht von Arroganz oder Narzißmus, denn das wäre nicht Liebe, sondern Angst.« So hatte ich den Vers noch nie betrachtet. Ich hatte ein ganzes Register von Negativbotschaften gegen mich selbst in mir angelegt. Sie lauteten:

Du bist nicht liebenswert!

Nie wirst du es schaffen!

Sei für alles verantwortlich!

Traue dir selbst nicht! – usw.

All das wurde mir natürlich erst im Laufe der Therapie, die mit dem Klinikaufenthalt noch längst nicht abgeschlossen war, durch viele Arztgespräche und durch intensives Lesen bestimmter Bücher klar. Z. B. las ich ein Buch mit dem Titel »Spontan leben«. Ich erkannte: Wenn ich weiterhin Gefühle wie Aggression und Wut unterdrücke und mir vormache, daß ich solche »sündigen Regungen« gar nicht habe oder haben darf, werden sie sich – wie bisher – ein Ventil suchen und als Zwänge erscheinen. Der Arzt drückte es so aus: »Alle unsere Gefühle, auch zornige, sind okay. Sie werden nur gefährlich für uns und andere, wenn wir sie ständig unterdrücken. Dann suchen sie sich selber einen Weg und geraten außer Kontrolle.« Das hatte ich leidvoll erfahren. Ich wollte gesund werden. So lernte ich langsam, meine Gefühle wieder wahrzunehmen. Manchmal kamen sie mit Wucht über mich. Ich überwand das schlechte Gewissen und schrieb mir alle Wut, Zorn, Enttäuschung und Trauer von der Seele.

Mir ist klargeworden: Ich muß mein eigenes Leben umarmen, um wirklich leben zu können. Das halte ich mir immer vor Augen, denn die Gefahr, kleine Rückfälle zu erleiden, ist bis heute nicht ganz vorbei. Ich bin selbst für mich verantwortlich!

Schwierigkeiten in der Ehe, die meistens entstehen, wenn ein Partner sich ändert, müssen überwunden werden. Das geschieht nicht
ohne Schmerzen, aber es lohnt sich, daran zu arbeiten.

Ich lasse meine Vergangenheit hinter mir und verzeihe den Menschen, die mir wehgetan haben. Sie haben nicht anders gekonnt – sie
konnten nur das geben, was sie selber hatten. Auch meine Kinder sind
zu kurz gekommen – durch die Krankheit konnte ich nicht frei für sie
da sein. Wir müssen einander und uns selbst vergeben, um in Liebe leben zu können. Das wurde mir wiederum durch ein Buch von Louise
L. Hay besonders klar. Es heißt »Gesundheit für Körper und Seele.«

In meinem langwierigen Gesundungsprozeß haben mir Lesen und
Schreiben wesentlich geholfen – ich bin eine lebensfrohe Frau geworden, die den Augenblick genießt.

»Was würden Sie tun, wenn Sie nicht hier sein müßten?« hatte mich
damals der Arzt gefragt. Meine Antwort war: »Ich würde ein Buch
schreiben.« Vor einigen Monaten ist mein Lyrikband »Morsezeichen«
im Andrea Schmitz Verlag erschienen. Ich bin glücklich!

Wir beschäftigen uns in diesem Buch nur mit einem kleinen Ausschnitt aus dem breiten Spektrum der Wirkungen des Lesens, nämlich mit den Auswirkungen auf psychische und psychosomatische Heilungsprozesse. Vielleicht ist das für Sie nichts Neues, und Sie haben sich mit der Bibliotherapie schon beschäftigt. Vielleicht schauen Sie aber etwas skeptisch bei der Vorstellung drein, Lesen könne in ernsthaften psychischen Krisensituation wie eine Medizin helfen. Um es geradeheraus zu sagen: Zu solcher Skepsis gibt es keinen Anlaß. Die heilende, ja bisweilen lebensrettende Wirkung des Lesens ist seit Alters her bekannt und auch für unsere Zeit vielfach belegt.

In den frühen Menschheitskulturen war der Glaube an die magische Wirkung der Sprache in Form von Gesängen, Gebeten, rituellen Tänzen und Beschwörungen durch Priester und Medizinmänner selbstverständlich, und bis heute sind solche Heilungspraktiken für viele Kulturen noch gebräuchlich. Die ethnologische Forschung darüber genießt gerade in der Gegenwart ein hohes Interesse, am bekanntesten in den zahlreichen Publikationen über weltweite Praktiken des Schamanismus. So ist es auch nicht verwunderlich, daß mit dem Begriff der *Katharsis* (das Sichbefreien von seelischen Konflikten und inneren Spannungen durch eine emotionale Abreaktion) einer der zentralen Begriffe der Therapie bereits in der griechischen Antike entstanden ist. Der griechische Philosoph Aristoteles hatte bei den Zuschauern der klassischen Tragödie intensive psychosomatische Reaktionen beobachtet, die er mit den Begriffen *Phobos* (schauderndes Entsetzen) und *Eleos* (Mitleiden) bezeichnete. Diese Reaktionen, die die Menschen aufwühlten bis in die Tiefenbezirke ihrer Seele, hatten eine Art Reinigung *(Katharsis)*, d.h. eine entlastende, befreiende, therapeutische Wirkung zur Folge. Eine solche Wirkung der Literatur war für die Antike selbstverständlich. Apollo war zugleich der Gott der Künste und der Gott der Medizin, und über der großen Bibliothek von Alexandria war zu lesen *Psyches Iatreion*, was soviel bedeutet wie »Heilstätte der Seele«. Auch im europäischen Mittelalter waren solche Gedanken selbstverständlich, sie gerieten erst mit der Moderne aus dem Blickfeld, insbesondere unter dem Einfluß des rationalistischen Denkens der Aufklärung. So geht es z. B. Lessing nicht mehr um eine therapeutische Wirkung, sondern um eine erzieherische: um die Verbindung von Vernunft und Moral mit maßvollen Gefühlen. Auf die

Spitze ist diese literaturgeschichtliche Entwicklung bei B. Brecht gebracht, der dem aristotelischen Theater (= Gefühlstheater) bewußt seine Auffassung des epischen Theaters (= Theater des Nachdenkens)
entgegensetzte.

Wohl gibt es literaturgeschichtliche Gegenbewegungen, etwa die
der Romantik, des Expressionismus oder des Surrealismus, die eine
besondere Sensibilität für tiefenpsychologische Wirkungen der Literatur und des Lesens bewahrt hatten. Aber Schule und Universität setz-
ten weiterhin auf kognitive, formalisierte und entsubjektivierte Umge-
hensweisen mit Literatur (Schön 1996, Graf 1996). Es blieb aufge-
schlossenen Ärzten in Krankenhäusern überlassen, das geschichtliche
Wissen um die Heilkraft des Lesens zu reaktivieren. Sie beobachteten
bereits im 19. Jahrhundert heilende Wirkungen der Literatur. Matthias
Marschik (1998) beschreibt die weitere Entwicklung: »*Einen starken
Aufschwung erlebte die institutionalisierte Bibliotherapie seit den
fünfziger Jahren des 20. Jahrhunderts zunächst in den USA. Es entstanden Krankenhausbibliotheken mit speziell geschulten Bibliothe-
karinnen und einem auf Patienten abgestimmten Angebot, was die
Auswahl der literarischen Werke und die Differenzierung der Thera-
pieangebote betraf. Es wurden aber auch bibliotherapeutische Institu-
te gegründet, Symposien und Kongresse abgehalten, Bücherkataloge
und auch anwendungsspezifische Tests erstellt, es entstand ein reich-
haltiges Ausbildungsangebot, vom Workshop bis zur mehrjährigen
Schulung zu PoesietherapeutInnen.*« In Deutschland hinken wir der
Entwicklung hinterher, bislang existiert kein einziger universitärer
Ausbildungsgang, die Sensibilität für die Thematik nimmt freilich zu.

Über die somatischen Wirkungen des Lesens erfahren wir vor allem
aus einzelnen empirisch-statistischen Untersuchungen, in denen die
teilweise sehr deutlichen Wirkungen des Streßabbaus, der Regulie-
rung der Herzfrequenz, des Kreislaufs oder der Atmung nachgewiesen
werden (Schulte-Steinicke 2000). Wir selbst haben im Jahr 1999 zusammen mit Krankenhausbibliothekarinnen aus Münster eine bundesweite Umfrage nach Lesegewohnheiten und Lesewirkungen von
Krankenhauspatienten durchgeführt. Aus den 550 Fragebögen ergab
sich ein eindeutiges Bild. Abgesehen davon, daß das Leseinteresse der
Patienten und Patientinnen generell beachtlich war, war auch die Le-
sewirkung klar festzustellen: 92 % empfanden die Wirkung als ent-

spannend, ablenkend, beruhigend und unterhaltsam, immerhin vier von zehn Patienten oder Patentinnen hatten eine gesundheitsfördernde Wirkung des Lesens bei sich beobachtet – und dies durch alle Altersschichten hindurch, bei sehr unterschiedlichen Krankheitsbildern und sehr unterschiedlicher Literatur (Koch/ Keßler 2002).

Eine weitere große, bundesweite Umfrage unsererseits nach der Bedeutung des Lesens und Schreibens in psychischen Krisensituationen haben wir bereits erwähnt. Es ist überwältigend, in über 800 Einsendungen Brief für Brief, Text für Text eindrucksvolle Belege für die oft tiefgreifende therapeutische Wirkung von Schreiben und Lesen zu erfahren. Oft steht dabei die Wirkung des Schreibens im Vordergrund. In zahlreichen Zusendungen wird aber auch darauf verwiesen, daß das Lesen eine vergleichbare Wirkung, manchmal sogar eine intensivere gehabt habe. Überwiegend machen die Lesenden ihre Erfahrungen privat, eine Einbindung in therapeutische oder psychiatrische Betreuungen erfolgt hier und da, eher als Ausnahme.

Solche Beobachtungen stimmen mit den Ergebnissen einer anderen Umfrage überein, die wir zusammen mit dem Berliner Schreibinstitut Lutz von Werders durchgeführt haben. Danach wächst das Verständnis für poesietherapeutische Aktivitäten, eine Verankerung der Bibliotherapie an Krankenhäusern ist nach wie vor die Ausnahme.

Um den Wert des therapeutischen Lesens angemessen zu betonen, haben wir ihm in diesem Buch ein eigenes Kapitel gewidmet und eine Reihe eindrucksvoller Erfahrungstexte vorgestellt, in denen die vielfältigen Wirkungen des Lesens in unterschiedlichen Krisensituationen dokumentiert werden. Lesen ist genau wie das kreative therapeutische Schreiben eine eigenständige und ähnlich wirkungsvolle Tätigkeit. Es geschieht tatsächlich Tag für Tag und vieltausendfach. Wir möchten daran mitwirken, daß eine solche, eher unbekannte Lesekultur sich mehr und mehr ausbreitet, in Form der Selbsttherapie oder im Kontext begleitender Therapien.

Die Sprache und das Unbewußte

Ursula B.

Kein Psychiater hat mir das gegeben

Mir hat das Lesen nach der psychischen Krise geholfen, meine Gedanken und Gefühle wieder zu ordnen. Autoren wie Freud, Fromm, Melanie Klein, Winnicott, Laing u. a. drückten das in Sprache aus, was mir abhanden gekommen war. Kein Psychiater hat mir das gegeben, was mir die Bücher gegeben haben.

Christiane Rees

In diesem Buch stand meine Erlösung

Ich schreibe. Ich lese. Ich atme. Ich esse. In dieser Reihenfolge. Man könnte mir die Nahrung nehmen, die Luft zum Atmen, vielleicht sogar die Bücher, aber wenn man mir Stift und Papier nehmen würde, ich hätte dem Wahnsinn nichts mehr entgegenzusetzen.

Wort für Wort reiht sich in meinem Kopf aneinander, füllt Herz, Brust, Eingeweide. Die Sätze überfluten meinen Körper wie ein Virus, dringen in jede Faser vor, so daß ich nur noch Erzählung, Roman, Gedicht bin. Verwirrung, Sorge, Wut, Trauer, Angst, all das gibt mir die Welt. Ich wandle es für sie um, gebe ihr das geschriebene Wort zurück. Nur so kann ich ICH sein, nicht Erzählung, Roman oder Gedicht.

Es gab viele Krisen in meinem Leben: Mißbrauch, Krankheit, Tabletten, Alkohol, Verrat, Demütigung, Mißgunst. Ihnen allen habe ich ein schwarz-weißes Denkmal gesetzt.

Schreibe ich, um zu leben? Lebe ich, um zu schreiben? Die Antwort ist schwer. Ich weiß nur, daß das Ende einer Geschichte für mich auch immer das Ende einer Krise bedeutet.

Und manchmal stand am Beginn einer Heilung ein Buch. Mit 24 war ich süchtig nach Tabletten und Alkohol, hatte ständige Schmerzen, deren Ursache niemand finden konnte, hatte Angst vor den Anforderungen, vor mir selbst, vor den Menschen, vor dem puren Dasein. Ich erinnere mich, daß das Leben auf der anderen Seite eines Schleiers stattfand, daß ich Höllenängste ausstand, nicht genug Rotwein und Schmerztabletten im Haus zu haben, daß ich nicht mehr zu Freunden ging, weil ich nicht in der Öffentlichkeit trinken wollte.

Es war wie eine schleichende Krankheit. Die lichten Momente wurden seltener und seltener. Ich suchte irgendwie nach einer Lösung und kannte doch dabei das Problem gar nicht.

Und dann kam dieses Buch. Es kam mit der Post, war von einer Freundin aus Amerika. Geschrieben hatte es mein Lieblingsschauspieler. Es handelte von seinem Kampf gegen den Krebs.

Ich las das Buch in einer Nacht, und mit jeder Seite, die ich umblätterte, nahm ich einen weiteren Faden meines Lebens wieder auf.

Manche Bücher sind wie Schlüssel zu unseren Gedanken, zu unseren Herzen; Schlüssel zu Türen, von denen wir gar nicht wußten, daß sie existieren. Da versuchen wir jahrelang mühsamst über Mauern zu klettern, uns geheime Gänge zu graben, Zäune einzureißen, und dabei gibt es dieses geheimnisvolle Tor, das sich mit einem Zauberwort knacken läßt. Sesam öffne dich!

In diesem Buch stand meine Erlösung. Wort für Wort verschlang ich es, schlug mir Bauch und Kopf mit Erkenntnis, Wahrheit und Durchblick voll. Da stand es, schwarz auf weiß, all das, was ich doch eigentlich längst wußte. Es waren keine neuen Ideen, die ich entdeckte. Was wirklich in dieser Nacht mit mir geschah, war viel aufregender. Dieses Buch gab mir Worte, Worte für konfuse Gefühle, für Ahnungen und für Wünsche. Dämonen, die mich so lange verfolgt und gejagt hatten, wurden gebannt von den Namen, die ich in diesem Buch fand. Wo ich vorsichtig ein »Ich glaube« formulierte, sagte dieses Buch »Ich weiß«. Die Angst, allein und unverstanden auf dieser Welt zu sein, fand ihr Ende. Es gab einen Menschen, der meine Lebensphilosophie formuliert und in einem Buch festgehalten hatte. Kein Zweifel, im

Laufe dieser 200 Seiten endete meine Sucht nach Zerstörung, und ich
entwickelte eine Lust auf Leben und darauf, etwas aufzubauen. Mein
Traum von einem besseren Leben sollte Wirklichkeit werden.

Aus der Lebensgeschichte eines mir fremden Mannes, der tausende
von Meilen am anderen Ende der Welt lebte, schöpfte ich so viel Energie und Mut, daß ich Entscheidungen traf, die mein ganzes Leben
veränderten. Ich kippte den Rotwein in den Ausguß, warf die Tabletten in den Mülleimer und brach mein Studium ab. Die Lösung meiner
Probleme war so einfach gewesen. Es hatte nur einer Entscheidung be-
durft.

Das war es, was in diesem Buch stand: Triff eine Entscheidung!
Triff eine Entscheidung! Nicht, triff die richtige Entscheidung. Das
hatte es mir leicht gemacht, hatte mir all die Angst vor der Zukunft genommen. Das Buch hatte mich zu einem Kamikaze Cowboy gemacht.
»Kamikaze Cowboy«, so hieß es, das Buch, mein Buch, das doch eigentlich gar nichts verändern wollte, das nur aufzeigen wollte, was für
den Mann am anderen Ende der Welt die Erlösung gebracht hatte.
»Und glaub nicht, daß mein Weg auch dein Weg ist«, fauchte er auf jeder Seite, dieser meilenweit entfernte Mann. Und doch wurde aus mir
ein Kamikaze Cowboy. Ich las, ich atmete, ich las, ich schrieb, und alles weitere ergab sich von selbst.

Sie fanden sich langsam ein, die Worte, bildeten kleine Ver-
schwörungen in den Windungen meines Kopfes. Erst war da ein Satz,
ein Satz, der es wert war, am Anfang einer Geschichte zu stehen. Irgendwann formulierte sich ein Absatz, und schließlich schwirrte eine
Idee in meinen Gedanken umher. Das Ende vom Prozeß war eine
schlaflose Nacht, und dann hieß die Geschichte »Der Traum vom
Broadway«. Ich widmete sie dem Fremden, der mir die Worte dafür
geschenkt hatte. Worte, die so schnell aus mir herausgepurzelt waren,
daß ich mit dem Schreiben kaum nachkam. Ich schrieb alles nieder,
die Verzweiflung der Krankheit, die Wut darüber, daß mir niemand
helfen konnte, das Gelähmtsein, die Flucht in Tabletten und Alkohol,
das Zurückziehen in meine Phantasie. Es stand alles da, schwarz auf
weiß. Niemand konnte es mehr leugnen. All das war mir geschehen.
Es war empörend – und beendet. Mit dem Schlußpunkt der Geschichte waren auch die Wut, die Verzweiflung, die Angst aus meinem In-
nern gewichen. All diese Gefühle waren auf den Seiten meiner Ge-

schichte gefangen, konnten mir nichts mehr anhaben. Es waren die
Gefühle der jungen Frau, die den Mut gefunden hatte, ihre Probleme
auf ungewöhnliche Weise zu lösen.

Es wird oft gesagt, daß der Körper, Bilder oder Musik unser inneres Befinden unmittelbarer und authentischer ausdrücken könnten als die Sprache. Diese schaffe aufgrund ihrer Begrifflichkeit immer schon eine Distanz zu uns selbst, zumal die Worte durch den Alltagsgebrauch oft abgeschliffen seien und tiefe Gefühle nicht mehr erfassen könnten. Zweifellos können Gestik, Tanz, Rhythmus, Musik, Bilder und Skulpturen ein tiefer und unmittelbarer Ausdruck unseres Inneren seien, und viele Therapien knüpfen daran aus guten Gründen an. Aber auch die Sprache reicht in solche Tiefen und hat die Qualität der Unmittelbarkeit. Sie ist »auf wunderbare Weise geeignet für das Verschlüsseln und Wieder-Aufrufen von Erlebtem und Gedachtem« (Berning 2002).

Mit Hilfe der Sprache können wir nicht nur generell Gefühle genau bezeichnen und wiedergeben, sondern wir können diese auch spontan und unmittelbar artikulieren. Wir kennen dies aus Ausrufen, Klagen, Jubelschreien, verzweifeltem Stammeln. Die ganze Welt wurde Zeuge der erschütternden Schreie einer Frau angesichts des einstürzenden World Trade Centers in New York im September 2001: »Oh my god, oh my god!« Wie oft wurde und wird in tiefster Not der Psalmbeginn geseufzt : »Mein Gott, mein Gott, warum hast du mich verlassen?« (Psalm 22,2). Wir sprechen davon, daß etwas aus uns »herausbricht«, daß jemand sich sprachlich »auskotzt«, daß die Sprache aus uns »herausströmt« oder »fließt« und sich wie ein »Wortschwall« ergießt. Metaphern wie diese belegen den engen Zusammenhang von Gefühl, körperlichem Erleben und der zum unmittelbaren Gefühlsausdruck fähigen Sprache.

Tiefe und Emotionalität zeigt die Sprache zumal auch in ihrem großen Bilderreichtum. »Zustände von Depression oder Isolation drücken sich häufig in Träumen von kahlen Winterlandschaften aus, was unserer Rede von einer *kalten* menschlichen Atmosphäre oder von eingefrorenen Beziehungen entspricht. In psychischen Krisensituationen erscheinen oft Bilder des Ertrinkens, bei dem einem das Wasser buchstäblich *bis an den Hals* steht, oder Bilder plötzlicher Abgründe oder fehlender Treppenstufen, die einem *den Boden unter den Füßen wegziehen.* Eines der häufigsten Traumbilder ist die Reise, sei es per Auto, Zug, Flugzeug, Schiff, Aufzug etc. Dabei *fahren wir uns fest, verpassen den Anschluß,* springen in letzter Minute auf oder *stür-*

zen ab. Manchmal tragen die Träumenden schweres Gepäck, das ihre psychische Belastung darstellt, oder werfen Gewicht von einem Fesselballon ab, *wenn ihnen ein Stein vom Herzen fällt ...«* (Meier-Seethaler 1997).

Seelische Regungen drücken sich in Bildern aus, die fest in den Bestand der Sprache eingebaut sind. Unbewußtes gelangt in Wortbildern, aber auch in der Symbolik des Traums, in unser Bewußtsein und möchte von uns wahrgenommen werden. Sprachbilder bauen somit eine Brücke zwischen dem Unbewußten und dem Bewußtsein. Nur durch Wort- und Traumbilder werden »die psychischen Erfahrungen und lebensbedrohlichen Verlusterlebnisse erst denk- und mitteilbar« (Barkfeldt 2002).

Es ist kein Zufall, daß S. Freud ein besonderes Feeling für die Sprache und ihre Tiefenschichten hatte. G.-A. Goldschmidt beschreibt, daß Freud die Sprache wie ein Meer erlebt habe, unter dessen Oberfläche er die Geheimnisse der Tiefe erspürt habe. Er hat dabei seinerseits die Sprache um neue Begriffe (Unbewußtes, Unterbewußtes, Verdrängung, Triebe etc.) erweitert und damit weltweit den Wortschatz und die Vorstellungswelt der Moderne revolutioniert. »Wenn man genau hinsieht, muß man sich fragen, ob Freud sich nicht in der Tat auch darum bemüht hat, an die Oberfläche der Sprache zurückzubringen, was gewöhnlich im gleichsam automatischen alltäglichen Sprachgebrauch untergeht. Es ist, als hätte er die Arbeit der Dichter (Hölderlin, Eichendorff, Goethe u. a.) auf eine wissenschaftliche, medizinische Ebene übertragen; als hätte er, ohne im geringsten den Poeten die Poesie streitig machen zu wollen, auf die gleiche Art, aber auf seine Weise die Ablagerungen der Sprache zu ergründen versucht« (Goldschmidt 1999).

Wir können mit unserer Sprache unmittelbare Gefühle und Erfahrungen ausdrücken, sie ermöglicht uns aber auch, auf Erlebnisse zurückzublicken und diese z. B. im Sinne einer Therapie zu verarbeiten. Auch in den therapeutischen Konzepten, die primär mit dem Körper, der Imagination oder der Musik arbeiten, ist Sprache »unverzichtbar, Gefühle nuanciert zu benennen« (Petzold 1995). In vielen Texten sind diese sprachlichen Möglichkeiten genutzt, ohne daß sie schon einen literarischen Anspruch erhöben. Erfahrungstexte, Tagebücher, autobiographische Schriften oder fragmentarische Besinnungstexte beeindrucken durch die konkrete, leibhaftig erlebte Darstellung des Leids, durch ihre Authentizität, Tiefe und Differenziertheit. Oft spüren wir auch, wie sehr der/die Schreibende mit sich ringt und nach einer Er-Lösung sucht. Die Texte lassen uns mitfühlen und uns empathisch annähern an fremdes Leid. Sie weisen uns aber auch auf uns selbst zurück und zeigen uns eigene, oft genug unbewußte oder unbearbeitete Erfahrungen. Ihre Sprache durchstößt, indem sie die Tiefen seelischer Erlebnisse anspricht, die Oberfläche entleerter Alltagssprache und wird wesentlich. Natürlich leistet die Dichtung auf ihre Weise noch einmal etwas Zusätzliches. Aber wir sollten sie vor lauter grassierender Sprachskepsis nicht zu sehr mystifizieren. Die einfachen, authentischen Texte aus psychischen Krisensituationen nutzen auf vielfältige und kreative Weise die sprachlichen Möglichkeiten und sind voller Tiefe und Reichtum.

»Ein Buch muß die Axt sein für das gefrorene Meer in uns«

Anonym

Wenn es mir am schlechtesten geht, singe ich aus tiefster Seele

Vor einiger Zeit erfuhr ich von Ihrem Aufruf, Texte zum Thema »Schreiben und Lesen in psychischen Krisen« einzusenden.

Ich fühlte mich hierdurch angesprochen. Gerne würde ich Ihnen unter meinem Namen schreiben. Aus beruflichen Gründen halte ich es jedoch für klüger, davon Abstand zu nehmen. Ich bitte deshalb um Ihr Verständnis, wenn ich mich nun anonym an Sie wende.

Nach einer problemlos verlaufenen Schulzeit geriet ich im Alter von 25 Jahren während meines Studiums in eine Psychose und wurde in die Psychiatrie eingeliefert. Ich wußte in dieser Zeit nahezu nichts über psychische Erkrankungen und schämte mich sehr, daß ich nun zu einer Zeit in der »Klappsmühle« war, in der eine während der Schulzeit wesentlich schlechtere Mitschülerin dasselbe Studienfach bereits erfolgreich abgeschlossen hatte und ein ehemaliger Mitschüler, der auf der »geschlossenen« Station sein »PJ« absolvierte, meinen Krankheitsprozeß begleitete.

Wegen der Nebenwirkungen des Haldols und anderer starker Medikamente litt ich in dieser Zeit unter Sehstörungen, so daß ich das Buch »La conversation en s'amusant. Sprechsituationen mit Witz gemeistert« von Robert Kleinschroth, das mir eine gutmeinende Besucherin geschenkt hatte, nicht bewältigen konnte. Auch der mir von meiner Mutter mitgebrachte »Spiegel« wurde nur von der Nachtwache gelesen. Der Stationsarzt bemerkte einmal, die Therapie sei die, »nicht zu lesen«.

Ich fragte die Beschäftigungstherapeutin, ob es erlaubt sei, sich in der Beschäftigungstherapie schreibend zu beschäftigen. Die Therapeutin bemerkte, das könne man auch in seinem Zimmer. Also quälte ich mich in der Beschäftigungstherapie mit Näharbeiten ab – ein für mich mühsamer Prozeß, den abzubrechen die Beschäftigungstherapeutin mir nicht erlaubte.

An einem Tag auf der »geschlossenen« Station schrieb ich eine sehr kurze Geschichte (oder war es ein Gedicht?), das niemand hören wollte, abgesehen von einer lieben Mitpatientin, die in ihre Kindheit zurückgefallen war und ein bewunderndes »Boh« ausstieß. Ich schickte den Text meiner Freundin, die mit ihrer Examensarbeit beschäftigt war, bei der ich ihr ursprünglich hatte helfen wollen, als ich noch nichts von dem bevorstehenden Krankenhausaufenthalt ahnte. Eine Reaktion auf diesen Schreibversuch ist nie erfolgt. Erst später – wohl nach dem Krankenhausaufenthalt – wurde mir bewußt, daß sein Inhalt nicht meiner eigenen Phantasie entstammte, sondern der – unbewußten – Erinnerung an die Geschichte »Der Tod des Königsadlers« aus Ephraim Kishons Buch »Undank ist der Welten Lohn«, das ich vor der Einweisung zufällig gelesen hatte.

Während einer Bahnfahrt zum Jahresseelenamt der Besucherin, die mir seinerzeit »La conversation en s´amusant« geschenkt hatte, las ich durch Zufall in Leo Navratils Buch »Schizophrene Dichter« folgende Sätze: »Der schon erwähnte Psychiater Bleuer beschrieb eine schizophrene Frau, die zu gewissen Zeiten Gedichte, Novellen, Romane, die sie in Büchern fand, mit aller Bestimmtheit als ihre eigenen Produkte erklärte; …« oder: »In diesem Zusammenhang erwähnte Binder auch die Gedächtnisstörung eines englischen Dichters des siebzehnten Jahrhunderts: Wenn man Wicherley, als er in höherem Alter stand, am Abend vor dem Schlafengehen Gedichte vorlas, so schrieb er sie am nächsten Morgen nieder, ohne zu ahnen, daß sie nicht von ihm selber waren.«)

Nach dreiwöchigem Aufenthalt auf der »geschlossenen« Station belästigte ich alsdann auf der »offenen Station« meine fast 80-jährige Zimmergenossin jeweils beim Warten auf die Visite mit Fragen aus fachspezifischen Karteikarten, die ich jedoch ebenfalls nicht wirklich las. Was mich in dieser Zeit allerdings »über Wasser« hielt, war die Erinnerung an ein früher gelesenes Gedicht von Mascha Kaléko, im folgenden entnommen aus dem dtv-Band »Heute ist morgen schon gestern«.

Wie man Butter macht
(So hat meine Großmutter es erzählt)

Wer sagt mir, wie man Butter macht?
Man muß den Milchrahm schlagen.
Nun hört, was sich in letzter Nacht
Bei Hubers zugetragen.

Zwei Frösche fielen bumsjuchhe!
In einen tiefen Zuber
Und staken fest, ojemine!
Im Rahmtopf der Frau Huber.

Da schrie der erste Frosch: »O weh!
Ersaufen muß ich in dem Schnee.«
Und während er vom Milchrahm troff,
Krakeelte er nur und ersoff.

Der zweite Frosch hingegen sprach:
»Quark, Quark! So leicht geb ich nicht nach.
Ist erst einmal die Nacht vorbei,
Entrinn ich schon dem weißen Brei.«
Er schlug um sich, anstatt zu greinen,
Mit Vorder- und mit Hinterbeinen.
Und weil er hungrig war, so fraß er
Vom leckern Milchrahmfutter.

Und sieh, am andern Morgen saß er
– Vergnügt und fett
– Und höchst adrett
... Auf einen Berg von Butter!

In der Gesprächstherapie ergab es sich, daß ich den anderen Patientinnen den Inhalt dieses Gedichts berichtete – die eine oder andere fühlte sich davon offenbar beeindruckt. Für mich war es in dieser Zeit Überlebensphilosophie – zusammen mit Murphys (oder heißt er Moody?) Theorien über das positive Denken, welche nun, da ich zur Zeit keine derart existentiellen Probleme habe, für mich an Bedeutung verloren haben.

Nach meiner Entlassung widmete ich mich wieder mehr oder weniger meinem Studium. Große Erfolgsaussichten malte ich mir dabei nicht aus, so daß ich mich nach beruflichen Alternativen umsah. Es gelang mir, bei der Presse unterzukommen. Diese Arbeit verschaffte mir ungewohnt gewordene Erfolgserlebnisse und ließ mich drei Monate später gleichmütiger in das Examen gehen.

Während der Examensarbeit – die Neuroleptika hatte ich ein halbes Jahr zuvor eigenmächtig abgesetzt – erkrankte ich genau ein Jahr nach dem ersten Schub von neuem an einer Psychose.

Während meines Aufenthaltes auf der »geschlossenen« Station lieh mir die bereits erwähnte Besucherin das Buch »Die Liebe und ihr Henker & andere Geschichten aus der Psychotherapie« von Irvin D. Yalom. In ihm war unter anderem die Rede von einem Psychologen, der an einer Psychose erkrankt war. Beiläufig war erwähnt, daß sein Krankenhausaufenthalt vier Wochen dauerte. Da ich mich schon in kurzer Zeit besser fühlte, setzte ich mir – beeinflußt durch das Buch – das Ziel, ebenfalls nicht länger als vier Wochen zu bleiben, was mir trotz wesentlich längerer Verweildauern in dieser Klinik mit Hilfe meiner Mutter schließlich auch gelingen sollte. In der Zeit meines Klinikaufenthaltes schrieb ich bereits auf der »geschlossenen Station« kurze Inhaltsangaben zu den Nachrichtensendungen. Besonders dankbar war ich der Beschäftigungstherapeutin – es handelte sich um eine andere als im Vorjahr – daß ich während der »BT« auf der Schreibmaschine Passagen aus dem Buch abtippen konnte. Aus dieser Zeit sind mir folgende Zitate aus dem Buch Yaloms erhalten geblieben: »Wenn man zu starr in die Vergangenheit blickt, wird man leicht von Reue überwältigt. Aber jetzt ist es wichtig, in die Zukunft zu schauen. Es ist nie zu spät, etwas zu ändern. Was auf keinen Fall geschehen darf, ist, daß Sie in fünf Jahren wieder etwas bereuen müssen, wenn Sie auf die Zeit zurückblicken, die jetzt vor Ihnen liegt.« Oder:

»In unserem Innersten besteht ein nie endender Konflikt zwischen dem Wunsch nach Weiterleben und der Gewißheit des Todes.« Oder: »Wenn ich dem Sonnenaufgang gerne zuschaue, soll ich dann darauf verzichten, nur weil ich den Sonnenuntergang nicht mag?«

Drei Wochen später saß ich – inzwischen auf der »offenen Station« – des Nachmittags ab und an weiter an einer Schreibmaschine und las in dem herumliegenden »Pallotiner-Kalender 1992«. Daraus ist mir der folgende Spruch erhalten geblieben: »Schätze, die in einer verborgenen Truhe liegen, sind wertlos, solange der Schlüssel fehlt, der das Schloß aufspringen läßt.«

Die Stationsärztin machte mir in beruflicher Hinsicht keine Hoffnungen. Meiner Mutter deutete sie an, daß sie meine journalistischen Ambitionen für Hirngespinste hielt. Nach einer Woche des Aufenthaltes auf der »offenen Station« konnte man mich nicht länger in der Klinik halten. Zuhause tippte ich zwei Texte auf eine Karteikarte, die ich bereits vergessen und vor kurzem durch Zufall wiederentdeckt habe. Gefunden hatte ich sie in einem Buch über positives Denken von Murphy.

Auf der Vorderseite dieser Karte ist ein Text aus dem Markus-Evangelium zu lesen: »Wahrlich, ich sage euch: Wer zu dem Berg da spricht: Hebe dich hinweg und wirf dich ins Meer, und in seinem Herzen nicht zweifelt, sondern glaubt, daß das, was er ausspricht, geschieht, dem wird es zuteil werden. Darum sage ich euch: Alles, um was ihr betet und bittet – glaubt, daß ihr es empfangen habt, und es wird euch zuteil werden. Und wenn ihr zum Beten tretet, so vergebet, wenn ihr gegen jemand was habt, damit auch euer himmlischer Vater euch eure Verfehlungen vergebe« (Markus 11, 23-25).

Die Rückseite der Karte beinhaltet den folgenden Text: »Hebe dich hinweg. Ich werde die Herausforderung dank der unendlichen Kraft bestehen. Dieses Problem wird auf göttliche Weise gelöst werden. Ich werde es mutig anpacken, denn ich weiß, daß mir jedwede erforderliche Kraft, Weisheit und Stärke gegeben worden sind. Ich glaube bedingungslos, daß Gott die Antwort kennt, und ich bin eins mit Gott. Gott offenbart mir den Ausweg, das glückliche Ende. Ich wandle in dieser Überzeugung, und da ich dies tue, weiß ich, daß der Berg von der Bildfläche verschwinden, sich im Lichte der Liebe Gottes auflösen wird. Das glaube ich; das akzeptiere ich voll und ganz; so ist es.«

Beide Seiten las ich mehrmals täglich laut. Kraft gab mir auch ein is-
raelisches Lied aus der WDR 4-Sendung »Folklore rund um die Welt«
mit Aviva Semadar: »Wenn es mir am schlechtesten geht, gerade
dann, singe ich aus tiefster Seele: ›Die besseren Zeiten stehen vor der
Tür‹«. Die Theorie des positiven Denkens vergaß ich im Laufe der
Zeit, nicht aber dieses Lied.

Ein halbes Jahr nach der Entlassung aus der Klinik hatte ich mein
Examen in der Tasche. Der Presse bin ich bis heute treu geblieben.

Liane M.

Mit jeder Zeile ließ ein körperlich spürbarer Druck nach

Angeregt durch Ihren Aufruf in der »Psychologie heute« möchte
ich versuchen, über meine Erfahrungen mit Schreiben, Lesen und
Sprache überhaupt in Zusammenhang mit psychischen Krisen zu berichten.

Vielleicht erst einige persönliche Angaben: 42 Jahre, Dipl.-Biblio-
thekarin, geschieden, ein Kind.

Schon als Grundschülerin habe ich gern, viel, heimlich und an-
spruchsvoll gelesen – vielleicht auch, weil es in meiner Familie nicht
üblich und auch nicht gern gesehen war. Ich habe gelesen, was mir in
die Hände kam. Und obwohl ich für manches Buch zu jung war, habe
ich keines umsonst gelesen, war es vielleicht gerade deshalb oft so
nachhaltig in der Wirkung. Lesen war schon damals eine Art Flucht
aus der Realität für mich. Schnell begriff ich die Macht des geschriebenen Wortes über die eigenen Befindlichkeiten. Ich war so fasziniert,
daß ich später, als ich von der Bibliotherapie erfuhr, gern auf diesem
Gebiet gearbeitet hätte. Damals war es noch nicht und heute ist es
nicht mehr möglich. Später therapierte ich mich selbst mit Literatur
und Schreiben. Dilettantisch zwar, aber wirkungsvoll.

Als ich dann Anfang der 80er Jahre nach mißlungenen Suizidversu-
chen in schwere Depressionen fiel, so gut wie keine Kontakte mit anderen Menschen mehr möglich waren, waren es wieder die Bücher, die
wenigstens eine stille Zwiesprache ermöglichten. Ich las Kleist, Gün-

derode, Trakl, S. Zweig ... Werke von und über Dichter, die sich vom
Leben auf ihre eigene Weise verabschiedet hatten. Warum, wollte ich
wissen, und wie. In vielem fand ich mich bestätigt, aber innere Ruhe
fand ich nicht. Dieser zwanghafte Drang, alles über Suizid wissen zu
wollen, führte mich auch zu entsprechender Fachliteratur von Ringel
über Menninger bis hin zu J. Améry, dessen Buch »Hand an sich legen« am ehesten dem entsprach, was ich empfand. Vieles zum Thema
reizte mich zum Widerspruch, ich setzte mich auseinander und zwei-
felte an. Dabei band ich mich – wenn auch ungewollt – ans Leben. Das
Thema ist auch heute noch nicht abgeschlossen für mich.

Die innere Unruhe aber trieb mich letztendlich dazu, selbst zu
schreiben. Erst Tagebuch, dann Gedichte. Das Gefühl, als dies endlich
möglich war, kann ich nur schwer beschreiben. Vielleicht so: Mit jeder Zeile ließ ein körperlich spürbarer Druck nach.

Bücher wurden zu noch wichtigeren Freunden, denn sie hatten keine Erwartungshaltung an mich wie die Menschen, von denen ich mich
immer mehr zurückzog. Ich las also sehr viel und schien eine sichere
Hand bei der Auswahl – die ich, außer bei dem Suizid-Thema, nicht
bewußt vornahm – zu haben. Intuitiv las ich, was mich nicht nur be-
stätigte, nicht nur treiben ließ, sondern auch Bücher, die mich – damals unmerklich – dem Leben langsam wieder zuwenden ließen. Ich
wußte es nicht, aber diese Flucht in die Welt der Bücher, die Welt des
Schreibens, ermöglichte mir das Ausleben meiner schweren Krise und
in Folge auch wieder den Umgang mit Menschen. Und noch eine
wichtige Erfahrung konnte ich machen: Lesen und Schreiben ermöglichen Einsamkeit ohne die Gefahr geistiger Verarmung.

Mit der Geburt meines Sohnes 1985 war dann – glaubte ich je-
denfalls – endgültig klar, daß es nur aufwärts gehen konnte. Es mußte einfach, denn ich hatte mich entschlossen, mein Kind allein groß-
zuziehen. Ich konnte mir also keinen Rückfall leisten und suchte alles, was diesen begünstigen könnte, zu meiden – damit auch Bücher.
Es gab nur noch Kind, Haushalt, Arbeit. Im Grunde gab ich meine
Persönlichkeit auf. Das sollte fatale Folgen haben. Irgendwann –
nach Jahren – wurde mir meine totale innere Leere bewußt. Durch
den konsequenten Rückzug von geistiger Betätigung war ich erst
kaum, später gar nicht mehr in der Lage, mir durch Schreiben selbst
zu helfen.

Blanqui hat diesen Zustand 1869/70 treffend geschildert: »Der Magen kann keine Enthaltsamkeit vertragen. Das Hirn dagegen gewöhnt sich leicht daran. Je mehr es Mangel leidet, um so weniger spürt es das Bedürfnis. Übermäßiger Entzug erweckt in ihm nicht Heißhunger, sondern Appetitlosigkeit und Ekel. Es fühlt sein Übel nicht, sondern findet sogar Gefallen daran und überläßt sich willig der Trägheit dieser Lethargie. Führt das Fasten des Magens zum physischen Tod, so das des Hirns zum geistigen ...«

Durch die ständige Unterdrückung meiner Interessen, Befindlichkeiten und Wünsche veränderte sich meine Persönlichkeit. Ich wurde immer unzufriedener und aggressiver. Es war schon fast zu spät, als ich endlich begriff, was mir fehlte. Aber ich konnte nicht einfach da weitermachen, wo ich vor Jahren aufgehört hatte. Ich stellte schmerzlich fest, daß ich mir meine tiefe Beziehung zur Literatur neu erarbeiten mußte. In diese Zeit fiel auch die Wende. Mir hat sie im wahrsten Sinne des Wortes die Sprache verschlagen. Es gab so vieles, was mich bewegte, noch immer bewegt. Ich bin wieder in diesem Zustand der inneren Unruhe, dieses körperlich spürbaren Drucks. Aber ich kann nicht schreiben, finde keine Worte – noch nicht, wie ich hoffe. Seit über einem Jahr versuche ich, wenigstens wieder Tagebuch zu schreiben. Bisher gelingt es mir noch nicht. Beim Lesen der Tagebücher aus den 80er Jahren wurde mir auch bewußt, daß mein Wortschatz und damit auch meine Kommunikationsfähigkeit geringer geworden ist bzw. nachgelassen hat.

Seit einiger Zeit lese ich wieder intensiver, komme mir aber – trotzdem ich mir bekannte Autoren und Werke lese – wie eine Anfängerin vor. Meine alte Gewohnheit, ständig Zettel und Stift parat zu haben, um jeden noch so kleinen Gedanken aufzuschreiben, habe ich wieder angenommen. Ich hoffe und arbeite daran, daß meine Beziehung zum Lesen und Schreiben wieder die Intensität erreicht, die eine Bewältigung von Krisen ermöglicht.

Dem Künstler hat eine gütige Natur gegeben,
seine geheimsten, ihm selbst verborgenen Seelenregungen
durch Schöpfungen zum Ausdruck zu bringen,
welche die Anderen, dem Künstler Fremden,
mächtig ergreifen, ohne daß sie selbst wüßten,
woher diese Ergriffenheit rührt.

Sigmund Freud

Was ist das Besondere an Literatur? Warum öffnet sie uns Wege in die Tiefen unserer Seele und bricht damit erstarrte, »vereiste« Gedanken und Gefühle auf? Wir wollen dem, was wir im Kapitel »Schreiben« bereits angemerkt haben, noch einige Überlegungen hinzufügen.

Professionelles Schreiben bedeutet Spracharbeit. Jedes Wort wird in Frage gestellt, wird gewendet, auf seine Exaktheit und Anschaulichkeit geprüft, verworfen, in unterschiedliche sprachliche Zusammenhänge gestellt, vielleicht für gut befunden, erweitert, neu gefaßt, ausgewählt.

»Es war, als hätt der Himmel/ die Erde still geküßt/ daß sie im Blütenschimmer/ von ihm nun träumen müßt.«

Kein einziges Wort, das Eichendorff hier gewählt hat, ist ungewöhnlich. Und doch geht bis heute eine besondere Wirkung von diesen Zeilen aus. Durch die Zusammenhänge der Worte, die Vergleiche und Metaphorik, durch Rhythmus und Klang wird jedes Wort anders, poetischer und erhält eine besondere Schönheit und Tiefe. Lesend finden wir uns im Bild der Landschaft und der Sehnsucht wieder, finden es in uns selbst, aber mit dem Gefühl, es so vollendet nicht hätten sagen zu können. Wie haben eine neue Welt um uns und in uns entdeckt, aber auch die Welt neu erfahren, indem scheinbar Unaussprechliches plötzlich Sprache geworden ist. Es mag sein, daß wir mitunter in einem solchen Augenblick erlebter sprachlicher Schöpfung voller Schönheit, Klarheit und Tiefe so etwas wie Glück empfinden.

Die literarische Sprache fällt auch professionellen Schriftstellern nicht wie ein Himmelsgeschenk in den Schoß. Hofmannsthal und viele andere berichten von ihrer Sprachnot, ihren Sprachkämpfen, ihren Existenzkämpfen. Denn nur, wenn der Dichter strenge sprachliche Exaktheit zum obersten Gebot macht und das richtige Wort trifft, wird er »seine geheimsten, ihm selbst verborgenen Seelenregungen« ausdrücken können. Sprache eröffnet solche Möglichkeiten, ist aber auch voller Fallen, Hindernisse und Verführungen. Oft genug wird auf Formen der Sprachentleerung, Sprachzerstörung oder auch die Perversion der Sprache in der Politik, der Werbung, dem Schlager, der Bürokratie, auch den Wissenschaften hingewiesen.

Wie schwer die Spracharbeit des Lesens und Schreibens von Schriftstellern zum Teil empfunden wird – auch wegen der Sprachlosigkeit angesichts unaussprechlichen Leids –, deutet Kafka mit dem fast brutalen Bild der Axt und der vereisten Seele des Menschen an. Kafkas Weltberühmtheit beruht, ähnlich wie die Picassos, darauf, daß er Bilder gefunden hat, die die Qualität eines neuen Mythos angenommen haben: Eine ganze Zivilisation findet sich darin wieder, hat für sich eine Sprache gefunden. »Um feinste Schwingungen zu registrieren, bedarf es empfindlicher Instrumente. Um höchste Forderungen spüren zu können, bedarf es empfindlicher Seelen. Um in Abgründe zu schauen, bedarf es derer, die sich über Abgründe hinauswagen. Dies kann von den Starkwandigen, den Tüchtigen, den ›Kapitalisten des Luftraums‹, den Robusten nicht geleistet werden. Daß es zu leisten ihm (Kafka, Anm. d. Red.) aufgetragen war, war sein Schicksal. Daß er dem Auftrag nicht ausgewichen ist, war seine Größe. Er stellte sich unter den Richtspruch: ›Klage ich? Ich klage nicht. Mein Anblick klagt. Und wessen ich gewürdigt bin, das weiß ich‹« (Cermak 1991).

Dichtung tritt uns häufig als Fiktion entgegen. Gewiß enthält sie Autobiographisches, aber sie ist etwas Anderes als eine Autobiographie. Damit ist ihr ein Stück Ernst genommen, denn was beschrieben steht, hat der Schriftsteller sich ausgedacht. Aber es ist paradox. Gerade durch die Fiktionalität wird ein größerer Realismus ermöglicht. Zufälle der Biographie können weggelassen, Wesentliches kann dadurch hervorgehoben werden. Die Handlung kann modellhaft aufgebaut und die Figurenkonstellation bewußt zusammengestellt werden, phantastische Elemente können Handlung und Thema pointieren, Skurriles und Begrängendes findet Platz, ohne daß die Leserinnen und Leser sich über Gebühr belastet fühlen: Sie können sich darauf einlassen bis hin zu einem belastendem Leseerlebnis, sie können jedoch bei dem Gedanken an die Fiktionalität den Grad der Zumutbarkeit selbst steuern. Insofern wirkt z. B. die autobiographische Gestaltung der Geschichte des sexuellen Mißbrauchs in H. Hassenmüllers Buch »Gute Nacht, Zuckerpüppchen« als Roman in sich zusammenhängender und tiefer als eine detailgetreue Autobiographie. Sie erschüttert und läßt doch auch die Freiheit der inneren Distanzierung.

Literarische Texte sind oft Entdeckungsfahrten in die Tiefen des Unbewußten. »Es sind die Poeten, die das Unbewußte entdeckt haben«, lesen wir bei S. Freud. Es ist dies kein Zufall, denn nicht nur kommt das Unbewußte in den Tiefen der Sprache zum Ausdruck, sondern die Literatur weist die gleichen Konstruktionsmerkmale wie der Traum auf: *Verdichtung, Verschiebung, Symbolisierung und Dramatisierung.* Wählen wir dazu als Beispiel einen häufigen Traum: Ein Kind sieht nachts eine unheimliche schwarze Gestalt ins Zimmer eintreten. Der Versuch, sich unter der Bettdecke zu verbergen, ist vergeblich, der Angstschrei des Kindes erstickt in ohnmächtiger Hilflosigkeit. Eine mögliche Deutung könnte sein: Die unheimliche Gestalt ist der Vater (Verschiebung), dessen Gewalttätigkeiten (z. B. sexueller Mißbrauch) sind zu einer Situation zusammengefaßt (Verdichtung), die Dramatisierung in der Szene ist ein dynamisches Bild für den seelischen Zustand des Kindes insgesamt (Symbolisierung). Nach gleichem Muster sind eine Reihe von Kinder- und Jugenderzählungen aufgebaut. Die LeserInnen erleben möglicherweise eigene Erfahrungen wie in einem Traum. Sie können sich identifizieren, sich wiedererkennen, sich distanzieren und mit ihrer Erfahrung auseinandersetzen. Sie haben natürlich auch die Freiheit, ihre Erinnerung und ihren Schmerz durch die Verweigerung der Lektüre wegzudrängen.

Nach einem vergleichbaren Muster ist auch ein Großteil der Weltliteratur konstruiert. Der »Homo Faber« von M. Frisch z. B. ist eine ins Fiktionale verschobene und zu exemplarischen Figuren verdichtete Erzählung, die die Moderne insgesamt verbildlicht. In literarischer Form beschreibt sie Problemstellungen und Abgründe der modernen Gesellschaft und des modernen Menschen, wie es in dieser Tiefe, Genauigkeit und Sinnlichkeit Wissenschaften wie der Psychologie, der Soziologie oder der Philosophie nicht möglich ist. Sie haben nur Begriffe statt Bilder zur Verfügung und erreichen den Menschen im Verstand, nicht in der Komplexität seiner geistig-seelisch-körperlichen Wahrnehmung. Es waren die Romantiker, die diese Komplexität der

Literatur erfaßt haben, die Einheit von Traum, Poesie, mystischer Versenkung und wissenschaftlicher Erkenntnis. Es wäre Zeit, die Modernität dieser Auffassung zu würdigen.

Literatur, so sagen Schriftsteller wie Martin Walser, Psychoanalytiker wie Melanie Klein oder Literaturwissenschaftler wie Ludwig Völker, entsteht aus Leid, Depression und Melancholie, die oft auf Störungen in der Kindheit der Autoren oder Autorinnen zurückgehen. Wir lesen in der Dichtung Darstellungen dieses Leids, erkennen uns darin wieder, lesen uns selbst. Wir lesen Vertrautes, sind nicht allein, empfinden Trost. Unbewußtes gewinnt wie im Traum Gestalt, ist greifbarer noch durch die Fixierung in Sprache, steht als Gestalt des vermeintlich Unaussprechlichen vor uns, uns gegenüber, in uns, wird greifbar, begreifbar, benennbar, handhabbar. Mag sein, daß ein solcher Leseakt bereits in sich heilend wirkt, im allgemeinen, so lesen wir in den Erfahrungsberichten, ist er Teil eines länger dauernden Heilungsprozesses.

Mit der Psychoanalyse sprechen wir bei der Aufarbeitung unserer Biographie von einem Dreierschritt: dem Erinnern, dem Wiederholen und dem Durcharbeiten. Literatur und Traum enthalten Elemente dieser biographischen Arbeit. Wenn der Künstler, wie Freud schreibt, »seine geheimsten, ihm selbst verborgenen Geheimnisse« ausdrückt, so ist auch damit das Heraufholen tiefer, verschütteter, verdrängter Erinnerungen gemeint, ebenso die Fähigkeit, sich diesen Erinnerungen zu stellen, ihnen Gestalt zu geben und sich im Prozeß des Gestaltens mit ihnen auseinanderzusetzen. »Der Künstler benötigt eine sehr spezielle Fähigkeit, sich den tiefsten Konflikten zu stellen, Ausdrucksformen zu finden und Träume in Realität zu übersetzen. Er erreicht dabei zugleich eine Wiedergutmachung in der Realität wie in der Phantasie, die Bestand hat. Das Kunstwerk ist eine Gabe an die Welt, die Bestand hat und die Künstler überlebt« (Segal 1996).

»Bisweilen entsteht beim Lesen das Gefühl, wie von einem Strudel in die Bild- und Seelentiefen gerissen zu werden und den Halt zu verlieren. Darin mag für manche labile Leser und Leserinnen eine Gefahr liegen. Wir vernehmen in den Erfahrungsberichten allerdings nur sehr vereinzelt von solchen Gefährdungen und sollten sie auch nicht zu sehr dramatisieren, zumal es einfache Sicherungsmechanismen gibt. Wenn die Lektüre zu bedrängend ist, können wir unangenehme Stel-

len überspringen oder das Buch zuklappen. Oder uns bewußt machen, daß alle Literatur nur Fiktion ist und auch die gerade gelesene mitreißenden Erzählung nur erfunden. Wir sollten dabei auch die psychologische Funktion des Ästhetischen nicht aus dem Blick verlieren. Es macht ja den Charakter von Kunst und Literatur aus, daß auch das Schreckliche und Häßliche noch seine Form findet. Form nennen wir Schönheit, und so erscheint auch das Häßliche noch in der Kunst schön. Wir genießen beim Lesen von Literatur und beim Betrachten von Kunst nicht nur das Glück, sondern ebenfalls das Schreckliche, Traurige, Tragische. Wir entsetzen uns beim Anblick von Picassos Guernica vor dem Krieg, und können seine Darstellung doch nicht genug ansehen« (Segal 1996).

Begegnungen und Dialoge
mit Texten

Maria K.

Bücher haben mich aufgefangen

Dies sind meine Erfahrungen, aus einer psychischen Krise entstanden. Erkenntnisse nach vielem Lesen, Hören und logischem Denken. Eine Geschichte meines Lebens. Wenn irgend möglich, möchte ich sie gerne veröffentlichen.

In einer Krise meines Lebens, einer Zeit, in der ich mich unendlich allein gefühlt habe, von vielen fallengelassen worden bin, habe ich nach Büchern gegriffen. Wollte Antworten finden auf so viele Fragen und habe sie auch bekommen. Ein Berg aus Büchern war mein Begleiter in dieser Zeit. Keines habe ich vollständig gelesen, einzelne Kapitel, Textpassagen, eben alles, was mich angesprochen hat. Nach einem langen Ruhezustand, einem Traum, einer Illusion, in die ich mich geflüchtet hatte, war da ein enormes Bedürfnis, diese vielen Gedanken in mich aufzusaugen.

Ich fand Bestätigung für so viele Gedanken, die schon in mir waren, die ich jedoch aus Mangel an Selbstvertrauen und Minderwertigkeitsgefühlen oder auch aus Angst vor dem Urteil anderer Menschen nicht zugelassen und gelebt habe.

Lesen und Schreiben gab mir wieder Lebensmut und Kraft. Es hat mir deutlich gemacht, daß man nie wirklich am Ende ist, daß meine Gedanken meine Gefühle machen, mein Leben bestimmen und daß ich mir darüber klar werden muß, was ich will und wie ich dieses Ziel erreichen kann. Offenheit für Neues und Toleranz, Realismus, angemessene Skepsis und gesunder Menschenverstand sind wichtig, nicht Ignoranz.

Bücher haben mich aufgefangen und angeregt, mein Leben, meine Einstellung abermals zu unterfragen. Ich bin der Meinung, einen »Lebensrahmen« gefunden zu haben, und weiß jetzt, daß ich die Kraft habe, diesen weiter auszugestalten.

Das Lesen von Büchern, aber auch die therapeutische Beratung eines Psychologen, haben mir verdeutlicht, daß es viele Wahrheiten gibt. Das Lesen verschiedenster Bücher verhalf mir, »am Boden zu bleiben«, vernünftig mit diesen vielen Wahrheiten umzugehen. Aus diesem Querlesen und -denken zog ich für mein Leben eine Quintessenz. Dies war ein langer Prozeß, und ich bin der Meinung, mein »Ich« gefunden zu haben. Lesen hat mir geholfen, eine Realität zu finden, mit der ich leben kann, gab mir Zuversicht und Informationen für die Auseinandersetzung mit Andersdenkenden.

Es gibt kein »WAHRES BUCH« (z. B. Bibel, esoterische Weisheiten). Es ist wichtig, offen zu bleiben für die verschiedensten Gedanken und Anregungen. Lesen half mir, Stufe um Stufe weiterzugehen, mit einem Tempo, das meinen Kräften entspricht und mich noch atmen läßt. Es half mir, mich von Dogmen und Tabus zu lösen und stärkte meine Eigenliebe und meine Entschlossenheit, klare Grenzen zu ziehen und NEIN sagen zu können.

Schreiben meiner Gedanken, Gefühle und Erfahrungen war ein Instrument zur Aufarbeitung, Klärung, Bearbeitung. Ich habe für mich etwas zum Abschluß gebracht. Mein Gleichgewicht wieder hergestellt, mich »freigeschwommen«. Es hat mir Halt gegeben. Ich habe Wut und Enttäuschung abreagiert auf einem Blatt Papier, welches jederzeit für mich bereitlag, und ich bin der Meinung, eine Mauer durchbrochen zu haben. Jetzt weiß ich, daß ich enormes Durchhaltevermögen habe und diese Art der Auseinandersetzung eine adäquate Möglichkeit ist, sich selbst zu helfen. Bücher und Papier sind geduldige Freunde, ein »geduldiges Werkzeug«, ein therapeutisches Mittel. Ein Buch kann ich schließen, wann ich dies möchte. Ich muß mich nicht rechtfertigen und nehme mir all das, war mir guttut.

Ich bin von einem Strudel in den anderen getaucht, und es hat mich schier nicht enden wollend in die Tiefe gezogen. Ja, die erste »message« zum Wiederlaufenlernen, Balancieren und seitlichem Gedankenspringen gab mir der Zeichentrickfilm »Page master« – Schlage viele Bücher auf, und Du wirst den Drachen der Angst besiegen.

Christina

Die eigene Sprache finden

Tagebuchnotiz

Bücher – was bedeuten sie mir? Ich lese viel. Ich habe eine Menge Bücher in meiner Wohnung stehen. Es ist etwas Schönes, in meiner Wohnung zu sitzen, auf dem Sofa oder am Schreibtisch, und ein Buch zu lesen. Vielleicht vor mir noch eine Kerze, die ihr mildes Leuchten ausstrahlt. Manchmal ist es auch schön, im Park auf einer Bank zu sitzen, ein Buch in der Hand, die Vögel zwitschern, die Sonne wärmt. Das hört sich fast poetisch an. Ja, ein Buch ist ein Hort der Ruhe. Ich kann mich in es hineinversenken. Es ist eine ruhige Beschäftigung. Keine Hektik, kein Lärm, kein Aktivismus.

Am Samstag sortierte ich einige Bücher wieder in mein Regal ein und fand sogar zu meinem Erstaunen auch noch Platz für einige andere, so daß die Bücherstapel in meinem Zimmer etwas niedriger wurden. Im Nachhinein überkommt mich jetzt das Gefühl, daß ich diese Tätigkeit fast mit Andacht ausgeführt habe. Ich liebe meine Bücher. Von ihnen geht eine ungeheure Faszination aus. Was ist das für eine Faszination? Jedes Buch ist eine kleine Welt für sich. Eine Welt, die sich der Autor ausgedacht hat. Eine Welt, die etwas über die Weltanschauung – nicht im dogmatischen, sondern wörtlichen Sinne, nämlich wie der Autor die Welt anschaut, mit welchen Augen er sie sieht – des Autors verrät. Ich sehe die Welt während des Lesens mit den Augen – und den anderen Sinnen – des Autors. Ich lasse mich von ihm an die Hand nehmen und mir Plätze und Menschen zeigen, die nur er kennt. Plätze auch in ihm selbst, Menschen auch in ihm selbst. Ich lerne einen kleinen Ausschnitt der Welt kennen.

Ich kann mich manchmal in dieser Welt wiederfinden. Manchmal lerne ich einen neuen, interessanten Blickwinkel kennen und werde angeregt, erneut und anders hinzusehen.

In einem Buch teilt der Autor mir etwas von sich selbst mit. Er erzählt mir etwas, und ich höre ihm zu. In meinem Kopf antworte, widerspreche ich, stimme ich ihm zu, äußere meine Verwunderung, meinen Ärger. Es ist ein stiller Dialog. Ein stiller Dialog mit dem Buch, dem Autor – aber auch mit mir.

Den Wunsch verspüren, daß das Buch doch nie enden möge. Eine unendliche Geschichte ohne den Trennungsschmerz, den Schmerz der Trennung von den Figuren. Sie auf ihrem weiteren Weg begleiten wollen. Das Mitempfinden ihrer Freude, ihrer Trauer, ihrer Wünsche und Sehnsüchte. Neugier, Wissensdrang, Liebe zur Sprache.

Sprache als Ausdrucksmittel. Der immer erneute Versuch, Empfindungen und Erlebtes in Worte zu fassen. Gewagt und schwierig. Abnutzung der Worte, Mißbrauch, Zerreden. Die eigene Sprache finden und für sich entdecken. Vieldeutigkeit, Vielschichtigkeit, Vielseitigkeit und Wörter. Klang und Rhythmus. Übereinstimmung oder Diskrepanz zwischen Inhalt und Form. Ineinanderweben und Auseinanderstreben.

Flucht aus der Realität? Vielleicht, ein bißchen. Fiktion als Teil der Wirklichkeit? Ist nicht auch in jedem Buch die Fiktion mit der Realität verknüpft? Verarbeitung der Realität im Erdachten? Kann etwas erdacht werden, das nicht wirklich ist?

Erschaffung einer eigenen Welt. Schöpfung. Sich nicht mit dem Gegebenen abfinden. Gegenentwürfe zum Vorhandenen, seine Variation. Suche nach dem Ersehnten.

Bei vielen Fachleuten aus dem Bereich der Psychiatrie, der Therapie und der Schreibpädagogik hört man des öfteren die Meinung, in therapeutischer Hinsicht sei das Schreiben dem Lesen vorzuziehen. Es sei produktiver und vom Individuum selbst bestimmt, während das Lesen passiver sei, und die Texte von außen kämen, mithin der Situation des Lesers nicht angemessen, möglicherweise dem Befinden des Kranken abträglich.

Daß eine solche Auffassung unzutreffend ist, wissen wir aus den vielen vorliegenden Erfahrungsberichten, den empirischen Untersuchungen und unseren eigenen Befragungen. In zahlreichen Zuschriften, in denen die therapeutische Bedeutung des Schreibens herausgestellt wird, finden wir Formulierungen wie: »Eine ähnliche/gleiche Funktion hatte das Lesen für mich«. Es gibt auch Äußerungen, allerdings als Ausnahme, wonach der therapeutische Prozeß überwiegend durch das Lesen beeinflußt worden ist.

Wie läßt sich eine solche Wirkung des Lesens erklären? Um es in einem Satz zu sagen: Lesen ist aktives Tun. Die Begegnung zwischen Text und Leser verläuft nach Art eines Dialogs, in dem der Leser/die Leserin sich produktiv einbringt und sich den zunächst fremden Text so aneignet, daß er ein persönlicher, privater wird. Daß Lesen kein passiver Akt ist, läßt sich schon physiologisch beobachten. Häufig berichten Kranke, daß ihnen zum Lesen in besonders belastenden Situationen Kraft und Konzentration fehlen, die Buchstaben zu definieren, sie zu Worten zusammenzusetzen, diese zu Sätzen und diese wiederum zu Texten. So sind manche froh, am Tag vielleicht eine Seite oder nach Monaten ein ganzes Buch geschafft zu haben. Oft scheint es freilich so, als geschähe das Lesen mühelos. Wir geben uns ganz dem Strom der Gefühle hin, befinden uns in einem Leserausch. G. Falschlehner vergleicht diesen Zustand mit dem eines Skifahrers: Scheinbar mühelos und elegant gleitet dieser den Berghang herab, und alles scheint leicht. Aber wie viel Mühe hat es gekostet, diese Fähigkeit zu erreichen, und wie müde ist ein solcher Fahrer am Ende eines Tages voll scheinbar müheloser Abfahrten.

Die neuere Forschung beschreibt die Leseprozesse genauer. Der Kopf des Lesers ist kein leeres Gefäß, in das der gelesene Text wie ein Wasserstrom einfließt. Und der Text ist nichts Festes, das als immer gleiche Gestalt den Lesern gegenübersteht. Der Text ist vielmehr offen

für unterschiedliche Leseweisen. Man spricht in der Literaturwissenschaft von »Leerstellen« und »Unbestimmtheiten« des Textes, die das
lesende Individuum mit eigenen Gedanken und Gefühlen auffüllt.

Verdeutlichen wir uns das in einem Experiment. Vor uns liegt ein
leeres Blatt Papier und ein Schreibstift. Schreiben Sie auf das Blatt Papier den bekannten Satz »Über allen Wipfeln ist Ruh«. Schreiben Sie
nun nach der Technik des automatischen Schreibens ohne nachzudenken auf, was Ihnen dazu an spontanen Assoziationen in den Sinn
kommt. Beschränken Sie diesen Assoziationsfluß auf zwei Minuten.
Sie werden erstaunt sein, welche Fülle an Assoziationen aus Ihnen
fließt, und wenn Sie das Experiment mit andern zusammen durch-
führen, werden Sie sehen, wie individuell und persönlich, ja intim
Ihre Notizen und die der andern sind. Dies mag Ihnen einen Eindruck
davon geben, wie Sie unbewußt auf dieses poetische Bild reagieren.
Dabei haben Sie nur einen kleinen Zipfel des unermeßlichen Asso-
ziationsstroms in Ihnen erfaßt.

Während des Lesens nehmen wir den Text in uns auf, was oft wie
ein passiver Vorgang aussieht. Wir entspannen zum Beispiel im Sessel
und lassen einen fesselnden Krimitext in uns hineinströmen. Aber
wenn wir uns genau beobachten, merken wir, daß wir dabei durchaus
eigene Leseakzente setzen: Einige Stellen lesen wir schneller, andere,
z. B. die Beschreibung eines Mordes, lesen wir vielleicht aus Lust an
Horrordarstellungen genüßlich oder aus Abscheu vor Gewalt ganz
schnell oder blättern sogar darüber hinweg. Aufgrund unserer Biographie steuern wir so bewußt oder unbewußt das Lesen. Umgekehrt
übertragen wir, wie unser Experiment verdeutlicht hat, unsere eigenen
Phantasien, Erinnerungen, Assoziationen, Erfahrungen, Sehnsüchte
oder Abneigungen auf den gelesenen Text. Der Text übt also einen
Einfluß auf uns aus, und gleichzeitig wirken auch wir mit unseren Gedanken und Gefühlen auf den Text ein. Diese wechselseitige Beziehung bezeichnen einige Forscher als Interaktion zwischen Text und
Leser/in. Bisweilen verwenden psychoanalytische Texttheoretiker die
aus der Therapie entlehnten Begriffe der *Übertragung* und *Gegenü-
bertragung* zwischen Leser/in und Text. Sie wollen damit die psychische Intensität der Textbegegnung und die z. T. tiefenpsychologisch
gelagerte Verquickung von Text und Leser/in so wie die oft existentielle Form des Text–Leser/in-Dialogs hervorheben (Schönau 1991). In

diesem Dialog entsteht ein neuer, einzigartiger und individuell ge-
schaffener Text als Ausdruck der eigenen Lebensgeschichte.

In Lesewerkstätten ermuntern wir die Teilnehmer und Teilnehme-
rinnen, ihre Reaktionen auf Texte zunächst einmal aufzuschreiben.
Beim Austausch des Geschriebenen fällt auf, wie unterschiedlich die
einzelnen gleiche Texte aufnehmen. Sie reagieren individuell mit
ihren Lebenserfahrungen auf die im Ursprungstext beschriebenen Erfahrungen. Das Gespräch zeigt dann, wie bedeutungsvoll und nie
ganz auszuschöpfen, erst recht nicht objektiv zu »interpretieren« der
Ursprungstext ist, andererseits, wie sehr die eigenen Leseweisen und
die sich daraus ergebenden Texte biographisch gefärbt sind. Die Gespräche verlaufen dabei auf unterschiedlichen Ebenen: Sie beziehen
sich zum einen auf den Ursprungstext, auf sein Thema, seine Problemstellungen, seine Fragen, Antworten, Wirkungen, bisweilen auch
auf seine Ästhetik. Sie beziehen sich zum zweiten auf die jeweils eigenen Reaktionen darauf, auf die eigenen Texte, seine Besonderheiten
im Vergleich zu anderen, die unterschiedlichen Textbegegnungen, Leseweisen, Textwahrnehmungen, Akzentsetzungen oder Formen der
kreativen Verarbeitung (z. B. durch Weiterschreiben oder Umschrei-
ben des Originaltextes). Zum dritten drehen sich die Gespräche um
die Gründe für die so unterschiedlichen Textbegegnungen. Da diese
in unterschiedlichen biographischen Erfahrungen anzusiedeln sind,
die sich in den Textbegegnungen unbewußt oder bewußt spiegeln,
tritt das Sprechen über Texte nun zurück hinter dem Gespräch über
die jeweiligen Biographien. Es entsteht dabei mit fast innerer Notwendigkeit eine sehr dichte und persönliche Kommunikation mit zum Teil
deutlich therapeutischen Akzenten (Koch 2002). Es kommen Formen
therapeutischen Lesens, Schreibens und Sprechens hinzu, die jeweils
Elemente der Trias »Erinnern, Wiederholen, Durcharbeiten« enthalten. Auf geradezu ideale Weise werden damit auch unterschiedliche
Möglichkeiten der Sprache aktiviert. So zeigt sich die Sprache in ihrer
Spannweite literarischer und nicht literarischer, bildlicher und begriff-
licher, unmittelbarer und reflektierter, erlebnisorientierter und praxis-
bezogener Qualität.

Schreiben, so sagt M. Frisch, heißt, sich selber lesen. Wir können
den Satz umformulieren: Lesen heißt, sich selber schreiben. Es ist eine
produktive Tätigkeit, indem wir uns die fremden Texte zu eigen ma-

chen. Lesend sind wir kreativ bei uns selbst. Wir lesen uns unsern Text, wir lesen uns und machen uns durch vielfältige Steuerungsmechanismen den Reichtum der literarischen Welt zunutze. Wenn dies gelingt, und es gelingt täglich vieltausendfach, werden wir stärker, gesünder und neu.

Für ein freies und ganzheitliches Lesen

Astrid Drey

Den Geruch des Buches wahrnehmen

Ich habe alle meine Aufschriebe verbrannt. Das erste Mal war ich 18. Da waren es ca. 200 Hefte und Bücher. Das zweite mal war ich 23. Da dauerte es zwei Abende vor dem Bollerofen. Das letzte Mal war es voriges Jahr. Da waren es nur zwei Obstkisten voll. Ich weiß nicht, wo eine psychische Krise anfängt und was noch keine ist, aber das Schreiben und Lesen ist ein Spiegel, wie es mir geht.

Beim Schreiben kläre ich für mich, wo ich stehe, betrachte schildernd Vorgefallenes, kann mich besser erinnern, nehme Möglichkeiten vorweg, durchlebe mutig Ängstigendes, trage Konflikte aus, fantasiere, schwelge, halte fest. So schreibe ich für mich.

Das Lesen ist eine Suche nach anderen Sichtweisen, nach Zusammenhängen, nach Unbekanntem und Erlösendem. Es ist ein Vergleich mit mir, Ansporn oder Trost. Ich suche nach den Büchern, die indirekt von mir erzählen, in denen ich mich wiedererkenne, in denen ich praktische Tips bekomme, meine Situation zu ändern. In der Krise aber lese ich lieber von Dingen, die nichts mit mir zu tun haben, um der Realität zu entkommen, um in eine Scheinwelt zu fliehen und vorerst mich durch die Gefühle auch besser zu fühlen. Erst wenn ich etwas ändern will bei mir, interessieren mich die Krimis und Sciencefiction nicht mehr. Dann gibt es noch die wirklich guten Bücher, die die Funktion einer »Bibel« haben, denn darin steht genauso viel Weisheit in den richtigen Worten, wie ich es verstehe. Das sind seltene Volltreffer.

Schreiben und Lesen sind ein Ritual. Ich mache es mir gemütlich, nehme mir das Recht auf Ruhe, ziehe mich zurück und bin mir wichtig. Es gibt sicher viele verschiedene Arten zu lesen:

Manchmal ist ein bißchen Selbstbeweihräucherung dabei, denn ich denke, ich verstehe gut, was ich lese, sei intelligent und schreibe gut. Oder ich bin wie besessen, wenn ich drei Bücher zum selben Thema lese, hektisch auf der Suche nach dem erlösenden Satz und der neuen Einsicht. Die schönste Art ist die, den Geruch des Buches wahrzunehmen, seinen Einband gerne zu fühlen, es wie ein Werk zu nehmen und die Worte wie Bilder zu betrachten.

Schreiben und Lesen bergen Gefahren. Das Lesen kann eine Krise erst auslösen, wenn man beginnt, sich selbst falsch einzuschätzen, weil man sich zu ausgiebig mit der Heldin identifiziert hat oder Erfahrungen anderer als seine eigenen betrachtet. Das Scheiben aber kann in der Krise zu deren Manifestation führen, zu einer Festlegung aufs Kranksein. Oder dazu, daß man ständig neben sich steht und dokumentiert und die Wahrnehmung ständig mit gleichzeitiger Reflexion gekoppelt ist.

Deswegen ist es wichtig, sich nach einer Zeit, in der man sich mit seinen Problemen und sich selbst beschäftigt hat, wieder nach außen zu wenden – und eventuell alle Texte zu verbrennen. Verbrennen ist befreiend. Es ist eine Häutung. Es macht einen von jeder veralteten Aussage frei, hebt die Festlegung auf, durchbricht den Kreislauf, macht eine neue Identität möglich. Es wären aber auch andere Schritte nach dem Schreiben denkbar: zukleben, einschließen, verschicken, veröffentlichen ...

Martina N.

Schreiben und Lesen gegen die Eßsucht

Ich bin heute 29 Jahre alt, hatte im März 1992 meinen psychischen Zusammenbruch und wurde von außen mit den Folgen meines zwanghaften Aufschiebens von Arbeit und meiner Eßsucht konfrontiert und kam im Mai 1992 in meine erste Psychotherapie und im Oktober 1992 zu den Anonymen Eßsüchtigen (Overeaters Anonymous – OA –, eine Selbsthilfegemeinschaft mit dem gleichen, von den Anony-

men Alkoholikern übernommenem Programm). Ich studierte damals
seit einigen Semestern Deutsch und Französisch an der Universität
und war vor allem blockiert, was das Schreiben von Hausarbeiten an-
betraf. Es gab kein Weiterkommen in meinem Studium, weil ich das
schriftliche Ausarbeiten der Referatsthemen, das für den erfolgrei-
chen Abschluß der Pro- und Hauptseminare nötig ist, von einem Se-
mester auf das nächste verschob. Ich quälte mich sehr, schämte mich,
verheimlichte es, wich ins Überessen aus (was ich sowieso schon seit
vielen Jahren tat, aber jetzt verlor ich vollkommen die Kontrolle) und
ging schließlich fast gar nicht mehr an die Uni. Ich konnte keine zwei
Minuten mehr beim Thema bleiben und bekam nur unter größten
Qualen einen Satz auf das Papier. Ein Professor, den ich schließlich
noch ein weiteres Mal um einen terminlichen Aufschub bat, erkannte
die Situation, verweigerte mir das Erbetene und konfrontierte mich.
Er riet mir zu einer Psychotherapie und einer Neuorientierung mit
eventuellem Studienabbruch.

Ich konnte schließlich einer Psychotherapie zustimmen, kam dort
aber über mindestens 30 Stunden auch fast nicht aus mir heraus. Da
ich mich scheinbar nie an etwas erinnern konnte, was in der vergangenen Therapiesitzung gewesen war, wurde ich als therapeutische
Maßnahme dazu aufgefordert, die Sitzungen zu Hause zu protokol-
lieren. Da ich einen fürchterlichen Leidensdruck hatte und nicht mehr
weiter wußte, setzte ich mich tatsächlich nach jeder Sitzung hin und
kämpfte so lange unter größter Verzweiflung mit mir, bis ich die jeweiligen Sitzungen im Umfang von etwa zwei DIN-A-4 Seiten proto-
kolliert hatte. Dies zahlte sich für mich sehr bald schon aus. Ich bekam Zugang zu meinen Gedanken und Gefühlen, von denen ich zuvor
überhaupt keine Ahnung hatte. Und ich konnte allmählich die Psychotherapie dann auch nutzen, was eine große Erleichterung für mich
war.

Das Schreiben wurde dann mehr und mehr ein Werkzeug für mich,
durch das ich in Kontakt mit mir kommen konnte. So wurde mir z. B.
durch eine einfache Übung, die mir selbst eingefallen war, plötzlich
klar, warum ich nicht mit der Arbeit anfangen konnte, obwohl ich
doch eine sogar überdurchschnittliche Befähigung zu mcinen Studien-
fächern hatte. Ich setzte mich mit einer konkreten und realen The-
menarbeit für eine Hausarbeit an den Schreibtisch und notierte auf ei-

nem weiteren Blatt alle Gedanken, die mir in den Sinn kamen, die nichts mit der Arbeit an sich zu tun hatten. Schon nach nur 15 Minuten hatte ich eine ganze Seite vollgekritzelt, angefüllt mit selbstvernichtenden, selbstverurteilenden Abwertungen meiner geistigen Arbeit. Dies machte mir deutlich, daß es wirklich kein Wunder war, daß ich in Anbetracht solch destruktiver Dauerbotschaften erschöpft zusammensank und schließlich von der Arbeit aufstand und in Richtung Kühlschrank zog.

Nachdem ich einmal entdeckt hatte, welch nutzbringendes Werkzeug das Schreiben für meine psychische Arbeit war, wurde es mir zum ständigen Begleiter.

Das Lesen ist genau wie das Schreiben ein gutes Werkzeug für mich, was früher nicht der Fall war. Obwohl ich Germanistik und Romanistik studierte und viel Lesestoff bewältigen mußte, hatte ich keinen wirklichen Zugang zur Lektüre und quälte mich durch den Stoff. Ich sah es als abstruse Gedanken und Geschichten von berühmten, hochangesehenen Menschen, die ich einfach nicht verstand. Es hatte nichts mit mir zu tun. Durch Analyse und kopfmäßige Interpretation versuchte ich, dem Stoff gerecht zu werden, aber es blieb mühsam und inhaltlich hohl.

Dann fing ich an, psychologische Bücher über Magersucht und Bulimie zu lesen (ich bin von beidem nicht betroffen). Ich las zwar dann mit Interesse, aber es betraf mich ja wieder nicht (so meinte ich zumindest). Irgendwann nach einem halbem Jahr Therapie fiel mir dann ein Buch der amerikanischen Autorin Colette Dowling in die Hand mit dem Titel »Perfekte Frauen«. Ich kaufte es zunächst, um es für meine betroffene Freundin zu lesen, aber schon nach den ersten Seiten merkte ich, daß dieses Buch von mir handelt, daß ich betroffen bin, daß jemand anderes meine Symptome beschreibt, meine Erfahrungen teilt. Das war eine irre Leseerfahrung für mich.

Danach fand ich mit diesem Aspekt, mich selber in dem Geschriebenen wiederzufinden, viele gute Bücher und lese und studiere täglich darin. Es sind psychologische Bücher, aber auch theologische und philosophische. Inzwischen bin ich sogar streckenweise zu der Literatur zurückgekehrt, zu der ich während meines Studiums keinen Zugang hatte. Jetzt lese ich Bücher mit meiner inneren Beteiligung und Betroffenheit, mit meinem Bauch und meinem Herzen und meinem Verstand und meiner Einsicht. Es ist eine ganz andere Art des Lesens. Es ist eine Bereicherung meines Lebens, es gibt mir Trost, Anregung, Hoffnung. Es begeistert mich, und ich fühle mich verbunden mit anderen Menschen. Ich erkenne, daß meine Auseinandersetzung mit dem Leben kein persönliches, pathologisches Problem von mir ist, sondern daß ich ganz existentielle Erfahrungen mache, die ich mit vielen großen Denkern und Menschen der Welt aus der Vergangenheit und Gegenwart teile.

Als letzten wichtigen Punkt zum Thema Lesen möchte ich nochmals auf die Selbsthilfegemeinschaft der Overeaters Anonymous zurückkommen. Ich wußte sofort, daß ich dort hingehörte, und es dort etwas gab, was ich dringend brauchte. Leider ist die Gemeinschaft in Deutschland trotz ca. 200 wöchentlichen Meetings und fast 20-jähriger Existenz noch nicht so stark, daß sie tatsächlich eine gut sichtbare Anzahl von Menschen hervorbringt, die von ihrer Eßsucht genesen. Und da war und ist es für mich total wichtig, über die amerikanische OA-Literatur (zum Großteil ins Deutsche übersetzt) mit den entsprechenden Gedanken und Richtlinien in Verbindung zu kommen, die von ihrer Eßsucht genesene Menschen niedergeschrieben haben. Und ich lese nicht nur die OA-Literatur, sondern auch die gesamte AA-Literatur (Anonyme Alkoholiker). Es ist die gleiche Basis, das gleiche Programm. Dies zu tun, ist eine ganz wichtige Lebenshilfe für mich.

Ich weiß nicht, wo ich heute wäre, ob ich mein Leben so klar hätte, wie ich es heute habe, wenn ich nicht den wundervollen Zugang über das Schreiben und Lesen gehabt hätte.

Ich finde es gut, daß Sie über diesen Aspekt von Literatur und Schreiben forschen. Diese so wesentliche Herangehensweise an Lesen und Schreiben findet innerhalb der Germanistik an den Universitäten überhaupt keine Berücksichtigung. Das scheint peinlich zu sein oder fern jeder Wissenschaftlichkeit. Wissenschaft muß intellektuell, objektiv, meßbar und analytisch sein, ohne persönliche Betroffenheit. Ich finde es schade.

Empfehlen sich bestimmte Methoden für ein erfolgreiches therapeutisches Lesen? Lassen wir die Berge von Literatur zu Methoden der Werkinterpretation beiseite, auch verschiedene Ansätze aus der Bibliotherapie, und fragen stattdessen, was die Betroffenen selbst berichten. Da ergibt sich das Bild einer großen Vielfalt, Individualität und Freiheit gegenüber schulisch eintrainierten Analyseschemata, eine geradezu auffällige Unbekümmertheit. Je nach Situation, Krise, Krankheit, Stimmung oder Leseinteresse zeigt sich eine je eigene, vorweg nicht systematisierte, vielmehr offene Begegnung zwischen Text und LeserIn. Eine solche Offenheit ist ja auch die beste Voraussetzung, sich der Bedeutungsvielfalt und der Wirkkraft der Literatur zu stellen und sich selbst weitmöglichst ohne innere Sperren ganzheitlich auf die Textbegegnung einzulassen.

Eine Empfehlung könnte aufgrund solcher Erfahrungen, deren Erfolge ja zugleich eindrucksvoll berichtet werden, lauten: Geh möglichst offen an den Text heran und laß dich nach deinem inneren Gefühl darauf ein. Jeder Leseakt, jede Textbegegnung ist ein Abenteuer, und je freier, individueller und intensiver diese Begegnung ist, um so hilfreicher für dich. Wenn es zu keiner wirklichen Begegnung kommt, weil der Text oder auch dein Inneres sich sperrt, und ihr euch fremd bleibt, ist dies ein Signal. Leg den Text beiseite. Es gibt andere schöne und wichtige Bücher genug, die dich erfüllen und dir helfen.

Viele beschreiben, wie sie sich fast schon in einem Ritual auf das Lesen vorbereiten und Ort und Zeit bestimmen: entspannt im gemütlichen Sessel, der Couch, dem Bett, der langen Zugfahrt, dem Urlaubsort. Sie suchen Ruhe und genügend Zeit für ihre Textbegegnungen, um sich zu entspannen, sich zu konzentrieren, sich dem Leseabenteuer hinzugeben, nachzudenken. Sie lassen sich fallen, fliehen aus der Realität, atmen durch. Sie identifizieren sich, suchen, finden Vorbilder, neuen Lebensmut, sich selbst. Sie informieren sich, forschen über Ursachen ihrer Situation und Heilungsmöglichkeiten nach, gewinnen an Sicherheit gegenüber ihrer Krankheit, lernen ihr Verhalten ändern. Sie setzen sich kritisch mit Texten auseinander, widersprechen, reiben sich, gewinnen an Selbstbewußtsein. Ganz falsch wäre es, eine Lesehaltung gegenüber anderen auszuspielen, etwa die kritische Lesehaltung, wie dies in der Literaturpädagogik lange üblich war, gegenüber der evasorischen (= Lesen als Flucht) einseitig zu fa-

vorisieren. Wie unangemessen ist z. B. die Forderung nach einer kriti-
schen Textanalyse, wenn entspannendes Lesen Flucht aus dem Alltag
bedeutet, um überhaupt erst wieder Kraft fürs Leben und andere Leseweisen zu schöpfen? Für viele ist das Lesen von Unterhaltungsliteratur
(»Trivialliteratur«) wichtig zum Überleben, für andere eher das Nachdenken über eine Sinnerfüllung ihres Lebens.

Es gibt Leserinnen und Leser, die die Texte in ihrer Reinheit bewahren wollen und nichts hineinschreiben. Andere streichen Textstellen
an, kommentieren, mischen sich lesend/schreibend ein. Einige führen
eine Art Lesetagebuch oder Lesejournal, notieren spontane Assoziationen, Gefühle, wichtige Gedanken, beziehen sich selbst mit ein: der
Text und ich. Oder auch umgekehrt: ich und der Text. Wir. Manchmal
reizen Texte zu großen Auseinandersetzungen. So erhielten wir auf
unseren Schreibaufruf eine umfangreiche Auseinandersetzung mit
Alice Miller oder die Umschrift von Christa Wolfs autobiographi-
schem Roman mit dem Titel »Nachdenken über Christa T.«.

Manche lesen, alles um sich vergessend, Bücher wie im Rausch.
Andere lesen langsam, meditativ, oft auch gehemmt durch Konzentra-
tionsmängel. Bisweilen werden Bücher parallel gelesen, liegen geöff-
net nebeneinander, sind wie lebende Geister ständig präsent. Häufig
schreiben die Leserinnen und Leser Textstellen heraus und heften Zettel an die Wände. Sie leben buchstäblich in Literaturräumen, umgeben von Erinnerungsfetzen, lebenspraktischen Anregungen, Trostsät-
zen, Hoffnungssprüchen, Appellen, poetischer Schönheit. Sprache
gewinnt so an räumlicher, körperlicher Präsenz. Es schwingt wohl intensiver auch mit, was Sprache, zumal literarische, auch immer aus-
macht: ein Stück Magie. Die Magie der Sprache bannt Chaotisches in
Bild und Begriff, läßt das Formlose, Bedrängende greifbar und be-
herrschbar werden, bietet Schutz und beschwört eine gute Zukunft.
Viele lesen allein, manche tauschen sich mit Freunden aus, hier und
da werden auch organisierte Lesezirkel wahrgenommen. Im Gespräch über Texte, eigene Leseweisen und Biographien finden die Lesenden zu Selbstbewußtsein, Solidarität und Lebenskraft. Vor allem
Frauen berichten über solche Erfahrungen.

Einige schreiben auch, sie hätten sich, verdorben durch schulische
und universitäre Textanalysen, an ein freies, persönliches und ganzheitliches Lesen, das Literatur und Leben miteinander verbindet, erst

gewöhnen müssen. Das verschulte Lesen verhindert offensichtlich einen unbefangenen Umgang mit den Texten, kappt ihren praktischen Lebensbezug und strebt einen persönlichen, individuell bedeutsamen Text-Leser-Dialog nicht an. Es verengt die prinzipielle Offenheit von Texten und kritisiert Texte und Textsorten als minderwertig, die dem Leseinteresse vieler Menschen nahestehen und für diese als Lebenshilfe oder sogar Überlebenshilfe wichtig sind.

Freies, persönliches und ganzheitliches Lesen ist eindrucksvoll in den Einsendungen zur Bedeutsamkeit des Lesens in psychischen Krisensituationen zu registrieren. Viele Menschen suchen sich in Leid und Not die Texte, die sie brauchen. Sie lesen sie so, daß sie ihnen helfen und sie lesend bei sich selbst sind. Längst ist eine solche Kultur des Lesens als eine selbstbestimmte, demokratische Lesepraxis de facto etabliert. Lesen hilft Leben, und Lesetexte werden so zu Lebenstexten. Wir sind dabei, alte Quellen und Wege der Kultur, Bibliotheken und Bücher als »Heilstätten der Seele« neu zu erschließen.

Was sollen wir lesen?

Christina

»Ich möchte bittre Tränen weinen«

Schon immer war Lesen wichtig für mich. Bücher und Lesen waren mir eigentlich sogar wichtiger als der Kontakt mit Menschen. Menschen machten mir Angst. Bücher konnten mir nichts tun. Von den Menschen fühlte ich mich unverstanden, in den Büchern fand ich Trost und Vergessen. Ich konnte mir geistige Nahrung holen, ohne mit Menschen verkehren zu müssen. Beim Lesen bestimme ich selbst, wie viel Eindrücke ich aufnehme und wann meine Grenzen erreicht sind. Ich habe das Lesetempo in der Hand und fühle mich nicht so sehr dem Einfluß anderer Menschen ausgesetzt, und es ist anders als beim Fernsehen, wo ich mich von den Reizen überflutet fühle.

Als ich vor viereinhalb Jahren in eine Krise kam, in der ich mich immer mehr von den Menschen zurückzuziehen begann, wurde das Lesen noch wichtiger. Ich spürte meine Einsamkeit nicht so sehr, wenn ich in ein Buch versunken war. Es war eine der wenigen Beschäftigungen, die mir noch blieben, da mich ansonsten meine Ängste lähmten. Es tröstete mich, daß ich doch nicht ganz allein mit meinen Gedanken, Ideen und Wünschen war, wenn ich sie in den Büchern ausgedrückt wiederfand. Manchmal bestärkten mich die Bücher in meinen Gedanken, die noch neu für mich waren, oder fügten neue Erkenntnisse hinzu. Ich las damals viel in einem astrologischen Lehrbuch. Darin wurde immer wieder betont, daß die Menschen unterschiedlich seien, daß sie für unterschiedliche Aufgaben prädestiniert seien durch ihre Fähigkeiten und Anlagen. Das wurde anhand von Horoskopen erläutert. Ich hatte mir auch mein Horoskop errechnen und erläutern lassen. Je mehr ich in diesem Buch las, desto mehr merkte ich, daß das, was ich bisher getan hatte, gar nicht meinem Wesen entsprach, sondern mir von meinen Eltern aufgedrückt worden war. Ich hatte nur nicht die Kraft, etwas zu verändern, sondern schlidderte eigentlich immer mehr in die Krise hinein.

Ich las in der Zeit auch viel Hermann Hesse (Das Glasperlenspiel) und Franz Kafka (Das Schloß; Der Prozeß; Erzählungen). Mit Franz Kafka fühlte ich mich wesensverwandt. Das Verneinen der eigenen Selbstbestimmung, die Unterwerfung unter eine fremde Autorität, das Leben in einer Welt, deren Spielregeln man nicht kennt und nicht versteht, denen man sich aber trotzdem unterwirft – das kam mir nur zu bekannt vor.

Obwohl ich immer mehr in die Krise geriet, was mich dann schließlich ins Krankenhaus brachte, hatte diese Lektüre aber auch einen Vorteil: Ich wurde sehr kreativ, schrieb viele Gedichte und auch einige Geschichten, in denen ich mein neues Wesen, Denken, Fühlen und vor allem meine Verzweiflung verarbeitete und zum Ausdruck brachte. Zu anderen Zeiten, in denen es mir schlecht ging, las ich gerne Goethe – entweder »Die Leiden des jungen Werther« oder »Faust, Teil 1«. Wenn ich den Werther las, wurde mir klar, daß es mir zwar schlecht ging, ich aber leben wollte. Seinen Weg des Selbstmords wollte ich nicht gehen. Das baute mich auf. In Textpassagen aus dem Faust wie »Nur mit Entsetzen wach ich morgens auf/ Ich möchte bittre Tränen weinen« oder »Und so ist mir das Dasein eine Last/ Der Tod erwünscht, das Leben mir verhaßt.« fühlte ich mein eigenes Elend ausgedrückt. Das tröstete mich, und ich fühlte mich verstanden.

Das Lesen von Fachbüchern über meine Erkrankung war für mich zeitweise sehr wichtig. Bemerkenswerterweise habe ich mir wohl jedes Mal instinktiv den richtigen Zeitpunkt ausgesucht, um mich mit diesem Thema zu beschäftigen. Bei dem ersten Buch (Christa Rohde-Dachser, »Das Borderline-Syndrom«), das ich kurz nach meinem ersten Krankenhausaufenthalt las, fand ich das erste Mal Dinge in Worten ausgedrückt, die ich bis dahin nur undeutlich spürte und für die ich selbst keine Worte hatte. Ich verstand nicht alles, was in dem Buch stand, aber ich bekam eine leise Ahnung davon, worunter ich vielleicht leiden könnte. Das zweite Buch (Kreismann-Straus, »Ich hasse dich, verlaß mich nicht«) las ich nach meinem zweiten Krankenhausaufenthalt. Ich hatte damals das Gefühl, daß keiner mich verstehe und wisse, was mit mir los sei. Nach der Lektüre des Buches verstand ich einige meiner Probleme besser, und vor allem fühlte ich mich verstanden. Über dieses Buch sprach ich auch mit meiner Ärztin und bekam so noch mehr Erklärungen.

Auch jetzt lese ich gerade ein Buch über dieses Thema (J. F. Masterson, »Die Sehnsucht nach dem wahren Selbst«). Ich befinde mich gerade an einer Stelle meiner Entwicklung, wo ich mich ziemlich desillusioniert und hoffnungslos fühle. Ich merke, auch durch die Lektüre des Buches, woran es bei mir hapert und was mir fehlt.

Stefan B.

Aber vor allem ist es wichtig, aktiv zu sein. Und zu lesen

Hier schreibe ich, Stefan Bürkle, 36 Jahre alt, z. Zt. Fachverkäufer in einem Elektronik-Fachgeschäft, etwas über meinen Weg aus der psychischen Krise.

Um es gleich vorweg zu sagen, ich habe weniger geschrieben als vielmehr gelesen. Denn was nützt es einem Schriftsteller, wenn nachher niemand da ist, der es liest. Dasselbe gilt auch für den Schauspieler ohne Zuschauer oder den Maler ohne Betrachter. Wir Konsumenten spielen doch noch stets eine wichtige Rolle.

Ich will und kann jetzt wenig darüber berichten oder analysieren, wie ich in diese Krise, die in einer Psychose gipfelte, hineinkam. Mitentscheidend waren über Jahre neben einer Armut an mitmenschlichen Kontakten auch ein überwiegend passives Verhalten, das ich bis dahin an den Tag legte. Eine Analyse über das alles würde über diesen Rahmen hinausgehen. Ich kann nur ein paar Tips geben, wie man aus so einer Krise herauskommen kann. Unter anderem habe ich angefangen zu lesen. Ich konnte es zuerst nur mühsam machen, da ich die Konzentration langsam wieder aufbauen mußte. Nach dem Klinikaufenthalt in Winnenden war ich zunächst daheim und mußte den Tag irgendwie herumbringen. Mein Studium der Physik konnte ich nicht mehr beenden. Ich las »Momo« von Michael Ende und danach einen Sammelroman von Jules Verne. Dann machte ich in Langensteinbach eine Reha. Anschließend kam ich als Externer ins Rudolf-Sophien-Stift in Stuttgart. Ich wohnte daheim und konnte langsam ein normales Leben aufbauen mit normalen sozialen Kontakten und arbeitete überwiegend in der EDV-Abteilung in diesem Stift. Nur die Bezahlung war wie in einer WfB, weil es eine solche war. Außerdem ging ich in einem Sportverein zu dieser Zeit einmal wöchentlich zu einer Fitneßgymnastik und spielte im Posaunenchor. Wichtig für diese ganze Zeit war und ist es, daß ich aktiv bin. Nur mit einem aktiven Leben verhindert man, daß andere über einen selbst bestimmen. Das erklärte mir mein Seelsorger von meiner Glaubensgemeinde. Und dabei möchte ich auch noch erwähnen, daß auch mein Glaube mir viel geholfen hat. Aber vor allem wichtig ist, aktiv zu sein und darunter auch viel zu lesen. Bücherlesen öffnet Horizonte. Das habe ich gerade verstärkt in letzter Zeit erfahren.

Im Rudolf-Sophien-Stift ging es so langsam bergauf. Mit Karl-May-Büchern fing ich zu lesen an, und anfangs war es noch schwierig. Ich las von »Durch die Wüste« bis zum »Der Schut«. Wenn ich ein Buch zu Ende gelesen hatte, war es – und ist es auch heute noch – ein Erfolgserlebnis. Ich las noch viele andere Bücher, überwiegend Romane, aber auch Sachbücher. Ein sehr interessantes Sachbuch ist »Wie die Wissenschaft ihre Unschuld verloren hat« von Armin Hermann. Es handelt sich dabei um die Geschichte der Naturwissenschaft von Galilei bis heute. Ich lernte, als ich es las, unter anderem zu differenzieren; z. B. zwischen Kaiser-Wilhelm-Reich und Drittem Reich, die ich bis dahin wegen des Führerkultes in einen Topf warf. Aber es gab trotzdem noch Unterschiede, vor allem im Verhältnis der Regierung zu den Naturwissenschaften.

Nach meiner Zeit im Rudolf-Sophien-Stift absolvierte ich eine Umschulung im Berufsförderungswerk in Nürnberg zum Elektroniker. Danach arbeitete ich bis heute im wesentlichen als Fachverkäufer im Elektronikfachgeschäft. Doch mein liebstes Hobby ist, auch zum Ausgleich dazu, das Lesen. Zum Elektronikbasteln habe ich weniger Lust.

Ich bin heute froh, daß ich normal arbeiten und (aktiv) am Leben teilhaben kann. Vielleicht werde ich später mehr über diesen Weg und überhaupt darüber schreiben. Ich schreibe auch (wie jetzt zum Bei-

spiel) des öfteren Briefe an Bekannte. Ich lese fast immer ein Buch. So
zur Zeit das Buch von Carl Sagan, »Blauer Punkt im All«. Es handelt
sich dabei um Astronomie, unsere Planeten, unsere Nachbarplaneten
und unsere Zukunft im Weltall. Ein Resümee, was ich am Anfang daraus ziehen konnte: Wir müssen uns nicht als Nabel von allem ansehen. Weder im Kleinen noch im Großen.

Zur Alternative positive – belastende Literatur

Die Frage, ob in psychischen Krisensituationen, z. B. Depressionen, nicht positive, optimistisch stimmende Literatur vorzuziehen sei, wird von Ärzten und Therapeuten oft mit einem deutlichen Ja beantwortet. Wir können die Frage aufgrund der vor uns liegenden Erfahrungsberichte so eindeutig nicht beantworten und möchten deshalb vor voreiligen Schlüssen warnen.

Natürlich kann die Lektüre positiver Texte zu Lebensmut verhelfen, Auswege zeigen, Identifikation mit Vorbildern ermöglichen, Kraft für den Alltag vermitteln oder auch einen neuen Lebenssinn aufscheinen lassen. In neueren therapeutischen Konzepten wird oft von »ressourceorientierten« Hilfestellungen gesprochen. Danach versucht man, die positiven Kräfte im Menschen zu stärken, so daß die defizitären Bereiche des Seele mit gestärkt werden. Der Künstler Josef Beuys spricht in diesem Zusammenhang von einem »Gegenbildprojekt«. Dem, der seelisch alles schwarz sieht, hilft es bisweilen, malerisch die verschütteten hellen Seiten zu aktivieren. Insofern helfen Kindern und Erwachsenen auch Märchen, deren Helden die Täler, Sümpfe und Wälder der Angst durchschreiten, immer wieder durch ihr Mittun überleben und schließlich obenauf sind. Häufig berichten Frauen davon, wie ihnen positive Texte von anderen Frauen, die ihr Schicksal gemeistert haben, geholfen haben.

Es gibt allerdings auch viele Beispiele dafür, wie eher düstere Literatur, z. B. Goethes »Werther« oder Erzählungen Franz Kafkas, positiv auf Menschen mit Depressionen gewirkt hat. Wohltuend wirkt dabei offensichtlich, daß in Schweigen versunkene Stimmungen versprachlicht werden, daß das Eis schmerzhafter Verdrängungen aufgebrochen wird und daß das Bedrohliche durch seine Benennung gebannt wird. Schließlich spenden diese Texte den Trost, nicht allein zu sein mit seinem Elend, und vermitteln ein Gefühl von neuem Vertrauen und Solidarität. Die Beschreibungen solcher Leseprozesse zeigen, daß es keine allgemein gültige Regel für die Wahl der Literatur gibt, sondern jede(r) selbst entscheiden muß und kann, was ihm guttut. Es wäre schade, wenn die gegenwärtig grassierende Propagierung des positiven Denkens solche Möglichkeiten der heilenden Wirkung von Dunkelheit und Tragik in der Literatur verdecken würde.

**Welche Literaturgattungen sind unter therapeutischen Gesichts-
punkten zu empfehlen?**

Der Begriff Poesietherapie legt es nahe, vor allem an die therapeutische Wirkung von Poesie, d. h. von Dichtung und insbesondere Lyrik,
zu denken. Aus den Berichten derer, die die selbsttherapeutische Wirkung von Literatur erfahren haben, ergibt sich ein anderes Bild. Geholfen haben neben der Poesie in vermutlich noch höherem Maße
Unterhaltungsliteratur, Ratgeberliteratur bzw. medizinische Fach-
bücher, Erfahrungsberichte von Betroffenen und Sachbücher allge-
meiner Art. Eine Bestätigung dieser Tendenz finden wir in unserer
Umfrage zum Leseverhalten an deutschen Krankenhäusern. Hier wurde vor allem der Unterhaltungsroman (Familien- und Liebesroman,
Krimi, Abenteuerroman) bevorzugt (53 %), während das informieren-
de Buch immerhin 30 % umfaßte (14,4 % Sachbuch, 7 % Ratgeber,
5 % Erfahrungsbericht, 4,3 % Bildband), und die Poesie im engeren
Sinne (klassische Literatur, moderne Dichtung) nur einen kleinen,
aber respektablen Anteil hatte (Koch/ Keßler 2002).

Ratgeber bzw. medizinische Literatur

Vielen Menschen helfen in Krisensituationen Hintergrundinformatio-
nen. Sie tappen, wenn die ärztlichen Informationen eher spärlich ge-
flossen sind, dann nicht mehr gänzlich im Dunkeln und fühlen sich
nicht mehr nur als Objekt einer undurchschaubaren ärztlichen Ver-
waltung. Auch finden sie häufig praktische Tips für den Umgang mit
ihrer Krankheit, die auch das Zusammenleben mit Angehörigen und
Freunden betreffen. Wenn Therapie entscheidend auch eine Frage der
Selbsttätigkeit der Patienten und Patientinnen ist, so ist eine eigenständige Information durch entsprechende Bücher oder Internetdaten
eine wertvolle Hilfe. Öfters trägt dieses sogar dazu bei, daß auf ärztli-
che Hilfe verzichtet werden kann.

Erfahrungsberichte

Viele Betroffene schreiben ihre Erfahrungen in Berichten oder Autobiographien auch deshalb auf, weil sie wissen, wie hilfreich der Austausch von Erfahrungen und das Gespräch unter Betroffenen ist. Z. B.
gibt es im Bereich des sexuellen Mißbrauchs etliche Hinweise, wie
das Lesen eines Erfahrungsberichts, eines autobiographischen Ro-

mans oder auch von Gedichten entscheidend dazu beigetragen hat, sich den eigenen Erinnerungen und Erlebnissen zu stellen, gegebenenfalls auch brieflichen oder mündlichen Kontakt aufzunehmen und daraus Kraft für die Bearbeitung der Problematik zu gewinnen. Das Lesen der Erfahrungsberichte hat so den Charakter einer Selbsthilfegruppe im kleinen und ist besonders intensiv. Oft teilen die Betroffenen mit, daß sie aus solchen Berichten Mut, Selbstvertrauen, Kraft zum Handeln und ein Gefühl von Solidarität gewonnen haben.

Sachbücher über allgemeine Themen

Diese Literaturform wird oft genannt, bevorzugt von Männern, während Frauen eher zur Belletristik neigen. Zwei Beispiele: B. Schäfer, selbst nicht musikalisch tätig, liest in der Psychiatrie eine Biographie über den weltberühmten Cellisten Pablo Casals mit großem inneren Gewinn. Er schöpft, wie er sagt, Lebensmut aus der beispielhaften Kraft, mit der Casals sein schwieriges Leben gemeistert hat.

Als zweites Beispiel wählen wir ein Sachbuch zur Thematik Astronomie. Es ist unschwer nachzuvollziehen, welche Wirkungen von diesem naturwissenschaftlichen Buch ausgehen können: Wir können fasziniert sein von der Unendlichkeit des Alls, über die Gesetzmäßigkeit und Harmonie des Ganzen staunen, ein Gefühl der eigenen Kleinheit bekommen, die Schönheit des Alls im Kleinen wie im Großen entdecken, stolz sein auf die menschlichen Entdeckungsleistungen und Weltraumabenteuer, teilhaben an einer bewunderten Forschergemeinschaft und schließlich Sozialprestige bei Freunden genießen, ein besonderes Wissen zu haben.

Kognitives und Emotionales gehört auch beim Lesen von Sachbüchern eng zusammen. Aufgrund der ganzheitlichen Wahrnehmung mit Seele, Verstand und Körper ist es nicht verwunderlich, daß viele die heilende Wirkung des Sachbuchs beschreiben. Auch dieses wirkt über Bilder, Sprache und mitschwingende Gefühlsbereiche bis in die seelischen Tiefenbezirke der Lesenden.

Literarische Texte

Über die Besonderheit der literarischen/poetischen Sprache haben wir uns bereits geäußert. Die Dichter besitzen die Fähigkeit, uns in die tiefsten Schichten des Unbewußten mitzunehmen, uns auf der Reise ins Reich unserer Träume und zu uns selbst zu begleiten, uns wie in einem Spiegel zu sehen, uns neu zu entwerfen und Gefühl, Verstand und Körper in Einklang zu bringen.

Worauf wir an dieser Stelle ausdrücklich hinweisen wollen, ist der Wert auch der sogenannten Unterhaltungsliteratur, teilweise auch Trivialliteratur genannt, für lesetherapeutische Prozesse. Diese Literatur, z. B. Kriminalromane oder Frauenromane, wird sehr häufig mit heilender Wirkung gelesen. Entspannung und Flucht, auch die Identifikation mit klischeehaften Helden – gehören nicht auch die Märchenhelden dazu? – haben für viele Menschen in Krisensituation eine hohe Bedeutung. Die Literaturkritik, zumal in Deutschland, urteilt vom hohen Roß herab, solche Literatur sei minderwertig, weil zu klischeehaft, nicht kritisch genug in der Darstellung der Realität und mache uns unmündig gegenüber den Anforderungen des Lebens. Viele Leser und Leserinnen berichten uns anderes, nämlich wie gut ihnen – zumindest eine Zeitlang – das Lesen gerade dieser Literatur getan hat: um das Leid durch Ablenkung auszuhalten und über einen Zeitraum der Entspannung und des Vergessens hinweg wieder ein Stück notwendiger Lebenskraft zurückzugewinnen.

Interessant zu sehen ist, wie nachdenklich die Literaturkritik im Augenblick auf den einmaligen Welterfolg von »Harry Potter« reagiert. Spüren einige Kritiker vielleicht selbst die vielfältigen Wirkungen des Werkes und den Lesesog, den es auf jung und alt ausübt: die Aufregung, die Spannung und Entspannung, die Identifikation mit dem Helden, das Glück über den Sieg der Schwachen, die Verzauberung über eine phantastische Welt, die Ansprache durch Bilder, die oft genug archetypischen Charakter haben und tiefe Schichten des Unbewußten ansprechen? Spüren sie möglicherweise auch, daß ihnen solche Leseprozesse, entgegen ihren gewohnten ästhetischen Kategorien, guttun? Verstehen sie möglicherweise, daß viele Leserinnen und Leser daraus auch therapeutischen Gewinn ziehen?

Daß therapeutische Elemente sehr stark in den Schreibprozeß der Autorin (Joanne K. Rowling, Anm. d. Red.) mit eingeflossen sind, ist durch ihre eigene Kommentierung belegt. Ihre Bücher sind in einer großen privaten und beruflichen Krise entstanden, die sie, wie sie sagt, ohne das Schreiben nicht überlebt hätte. »Es ging mir«, so lesen wir in einem Spiegelinterview, »wirklich nicht gut, ich hatte meinen

Job als Lehrerin verloren, meine Ehe war in die Brüche gegangen. Meine Mutter war an multipler Sklerose gestorben, ich war einsam, litt unter Depressionen, und es ist nicht übertrieben, wenn ich sage, daß das erste Buch mein Leben gerettet hat.«

Noch ein Aspekt sollte für das Lesen von Literatur abschließend erwähnt werden: der ästhetische. Natürlich wirkt er in jedem Text, z. B. durch die Schematisierung der Literatur in Analogie zum Traum. Es gibt jedoch auch Leser und Leserinnen, die auf die Ästhetik des Textes, seine Form, seinen Stil, seine Bildlichkeit besonders ansprechen. Es gibt das Glück erlebter Schönheit, und es gibt die davon ausgehende Kraft, sich in einer Harmonie zu befinden, die von der Schönheit ausgeht.

Leiden an der Zeit

Sylvia H.

Da reibt sich einer ebenso wund an diesem Thema

Neben dem eigenen Schreiben war jedoch auch immer das Lesen für mich von Wichtigkeit. Halb autobiographisch, halb fiktionale Bücher von Anja Meulenbelt oder auch Kafkas »Die Verwandlung« oder »Brief an den Vater« haben mir bei der Suche nach Ursprüngen der Depressionen und sonstiger Probleme entscheidend geholfen. Gerade wenn ich das Bedürfnis nach Alleinsein auf der einen Seite habe, andererseits aber ein Kommunikationsbedürfnis zu bestimmten Themen, kann Literatur unheimlich hilfreich sein. Ich bin dann beim Lesen ganz bei mir, erlebe unter anderem ein Wiedererkennen oder profitiere durch die Analyse des Autors/der Autorin und empfinde ein Gefühl von Austausch, Verständnis und Geborgenheit durch den-/diejenige, der/die zu mir »spricht«. Tiefschürferei, die im Alltag meistens keinen Platz findet, bekommt hier ihren Raum, ein Recht auf ein Dasein, ist erwünscht, so daß ich mich auch in Krisensituationen angenommen fühlen kann, wissend, daß ich kein Gegenüber belaste oder überstrapaziere.

Das gilt auch durchaus für Themen gesellschaftspolitischen Inhalts, z. B. die ökologische Frage. Nach Jahren der vergeblichen Hoffnung auf durchgreifende Veränderungen in diesem Bereich war ich irgendwann nach der Wende (als diese Diskussionen allmählich von der Tagesordnung verschwanden) ziemlich down. Da tat es dann doch sehr gut, auf ein Buch von Jost Hermand zu stoßen mit dem Titel »Grüne Utopien in Deutschland«, in dem er die literarische Verarbeitung des Themas seit 1800 skizzierte. Von dort aus habe ich zu Günter Grass'

»Die Rättin« gefunden, und dieses Buch war es schließlich, das mir aus meinem Tief wieder herausgeholfen hat. Dadurch, daß ich wußte, da reibt sich einer ebenso wund an diesem Thema, hat ähnliche Stimmungen wie ich, ging es mir schon besser. Meinen Gedanken und Gefühlen wurde Ausdruck verliehen, z. B. durch Gedichte wie »Mir war, als müßte ich Abschied nehmen« und »Mein Zorn, der Straftäter«. Auch war mir, als würde er für mich aussprechen, was ich so nicht hatte verbalisieren können. Nicht zuletzt durch Grass' originelle Sprache bzw. dem phantasievollen Witz (die Wohlkinder wie Hänsel und Gretel im Wald, Märchenfiguren, die nach Bonn ziehen und dort alles begrünen) entstand für mich ein seelisch-geistiger Resonanzboden, der Auftrieb gab und Kraft – für mich wie ein seelischer Schutzschild gegen die Resignation und eine Aufforderung, dem Thema auf der Spur zu bleiben, nicht nachzulassen, ihm die emotionale Besetzung nicht völlig zu entziehen (und das, obwohl das Buch insgesamt so optimistisch gar nicht ist).

Mir kann Literatur etwas wie Trost geben bzw. eine Stütze bieten, die mir über die Möglichkeit der »Relektüre« immer wieder verfügbar ist, wo sie gleichzeitig auch zu einem Abstand zum Themenkomplex oder zu Gefühlen verhelfen. So habe ich es erfahren, bei der Lektüre von Gedichten des Expressionismus. Zum Großstadterleben, als mir die Stadt, in der ich lebe, zuviel wurde.

So, das wars, was ich von mir aus zu Ihrem Projekt beisteuern kann und will. Hinzufügen möchte ich abschließend, daß ich eben dieses Projekt sehr interessant finde und begrüßenswert. Ich wünsche Ihnen viel Erkenntnisgewinn beim Forschen.

Die großen Schriftsteller der Weltliteratur beschränken sich in ihren Werken, auch wenn persönliche Leiderfahrungen und Verletzungen der Motor ihrer Kreativität sind, nicht auf eine selbstbezogene Darstellung ihrer individuellen Probleme. Vielmehr beschreiben sie, sensibilisiert durch ihre eigene Leidensfähigkeit, die Leiden vieler anderer oder einer ganzen Epoche. In der Tiefe ihrer Seele sind sie auf geradezu mystische Weise mit der Seele der Gesellschaft und der jeweiligen Zeit verbunden (Adorno). Daher sind große literarische Werke auch immer Zeitgemälde. Sie sind sinnlicher, komplexer und berührender als jedes Geschichtsbuch. Wir finden uns darin nicht nur in unserm persönlichen Schicksal wieder, sondern auch in unserm Leiden an der Zeit.

Wir lesen in solchen Werken von der Entstehung der Welt und dem großen Sündenfall (religiöse Mythen), von der Flucht aus einer zerstörten Welt und der Suche nach einem Neuanfang (Homer, Vergil), vom Krieg der Kulturen und einer toleranten Weltgesellschaft (Wolfram von Eschenbach, Lessing), vom Guten und Bösen im Diesseits und im Jenseits (Dante), von der Hilflosigkeit in einer untergehenden Epoche (Cervantes), vom Verlust eines humanen Menschenbildes und der Notwendigkeit einer Gegenwelt (Schiller, Goethe), von Krieg und Frieden (Dostojewski), von der Seelenlosigkeit unserer Kultur und Sprache (Dadaismus), dem Leiden daran und einem leidenschaftlichen Aus- und Aufbruch (Expressionismus), von der Entwurzelung des modernen Menschen (Kafka, Beckett, Joyce), von der Ausbeutung vieler Menschen in der sogenannten Ersten, vor allem aber der Dritten Welt und alternativen Gesellschaftsmodellen (Hugo, Neruda, Cardenal, Hikmet), von Folter und Massenvernichtungen im Namen der Gerechtigkeit (Solschenizyn), vom Einbruch der Moderne in traditionelle Kulturen (Garcia Marquez), von der Stellung der Frau in der patriarchalen Gesellschaft und der Suche nach einer eigenen Identität (Wolf, Miller, Djerba, Mernissi), von den Folgen globaler Zerstörung bis hin in die individuelle Sphäre (Grass) – Themen und Namen wären ohne Ende zu erweitern.

Natürlich ist solche Zeitkritik nicht auf die große Weltliteratur beschränkt. Zu nennen sind z. B. die sozialkritischen Romane J. M. Simmels oder die zeitkritische phantastische Literatur M. Endes. Neben diesen millionenfach gelesenen Werken gibt es authentische Literatur unterprivilegierter Gesellschaftsschichten und Randgruppen, z. B. Arbeiter- und Gefangenenliteratur, oder auch die vielen guten problemorientierten Kinder- und Jugendbücher, die auch für Erwachsene eine wichtige Rolle spielen können.

Aus der literarischen Darstellung des individuellen Leids und alternativer Lebensmodelle gewinnen wir auch für uns Hilfe und Kraft. Dies können wir auch für die Beschäftigung mit den Belastungen durch die bedrängende, oft menschenfeindliche Moderne erwarten. So sehr uns die Zeitfragen niederdrücken, und sich die Sinnfrage für die Menschheit stellt, so sehr wirken die therapeutischen Mechanismen des Lesens auch in diesem Bereich: Wir sehen das Elend, stellen uns ihm, entlasten uns durch Offenlegen unserer Verdrängungen, fühlen uns in dieser Welt nicht allein, werden fähig zu analysieren, empfinden Solidarität, leisten und erfahren diese vielleicht auch praktisch. Der Welt in all ihrer Trostlosigkeit ins Auge zu sehen, zeigt schon ein Stück Stärke, ist ein Stück Widerstand, das uns das Gefühl von Kraft vermittelt. Ob wir etwas verändern können, ist eine andere Frage. Aber auch davon lesen wir ja in der Literatur, ob nun in der schönen oder in Sachbüchern, daß es alternative Modelle im Kleinen wie im Großen gibt.

Was wir hoffen können, ist offen. Einige Briefe weisen darauf hin, daß es kaum ein Glück im Kleinen geben kann, wenn das Ganze auf den Abgrund zusteuert. Daß aber auch umgekehrt für die leidende Zeit keine Therapie möglich ist, wenn die Einzelnen nicht die Kraft zum Hinschauen und Anpacken haben.

Literaturhinweise

Adams, K. (1951): The Way of the Journal, Lutherville.

Barkfeldt, Judith (2002): Bilder (aus) der Depression. Das Depressionserleben in Metaphern: Episoden über Episoden. Unveröffentlichtes Manuskript, Münster.

Bellebaum, Alfred/ Muth, Ludwig (Hrsg.) (1996): Leseglück. Eine vergessene Erfahrung? Opladen: Westdeutscher Verlag.

Berning, Johannes (2001): Schreiben als Wahrnehmungs- und Denkhilfe. Elemente einer holistischen Schreibpädagogik. Dissertation, WWU Münster.

Cermak, Ida (1991): Klagelied und Freudenhymne. Begegnungen mit der Krankheit in Selbstzeugnissen schöpferischer Menschen, Frankfurt: Ullstein.

Falschlehner, Gerhard (1997): Vom Abenteuer des Lesens, Salzburg: Residenz Verlag.

Goldschmidt, Georges-Arthur (1999): Als Freud das Meer sah. Freud und die deutsche Sprache, Zürich: Ammann Verlag.

Graf, Werner (1996): Die Erfahrung des Leseglücks. Zur lebensgeschichtlichen Entwicklung der Lesemotivation. In: Bellebaum/ Muth (1996), S. 181 ff.

Gudjons, Herbert/ Pieper, Marianne/ Wagener, Birgit (1992): Auf meinen Spuren. Das Entdecken der eigenen Lebensgeschichte. Vorschläge und Übungen für pädagogische Arbeit und Selbsterfahrung, Hamburg: Bergmann + Helbig.

Jüngst, Ursula (2000): Archäologie des Unbewußten – Archeologia del subconsciente, Nürnberg.

Keitel, Evelyn (1996): Von den Gefühlen beim Lesen. Zur Lektüre amerikanischer Gegenwartsliteratur, München: Wilhelm Fink Verlag.

Kittler, Udo/ Munzel, Friedhelm (1992): Lesen ist wie Wasser in der Wüste. Das Buch als Begleiter auf dem Lebensweg, Freiburg, Basel, Wien: Herder.

Koch, Helmut H./ Keßler, Nicola (Hrsg.) (1998): Schreiben und Lesen in psychischen Krisen. Band 1: Gespräche zwischen Wissenschaft und Praxis. Band 2: Authentische Texte: Briefe, Essays, Tagebücher, Bonn, Neumünster: Psychiatrie-Verlag, Paranus-Verlag.

Koch, Helmut H./ Keßler, Nicola (Hrsg.) (1998): ... fast wie Phönix. Literarische Grenzgänge, Bonn, Neumünster: Psychiatrie-Verlag, Paranus-Verlag.

Dies., (2002): Lesen im Krankenhaus. Ergebnise einer Umfrage in Krankenhausbibliotheken, Münster.

Koch, Helmut H. (2002): Textbegegnungen. In: Koch/ Pittrich/ Telger: Grenzgänge, Münster: Litverlag

Kraiker, Christoph/ Peter, Burkhard (1988): Psychotherapieführer. Wege zur seelischen Gesundheit, München: Beck.

Mardorf, Elisabeth (1999): Ich schreibe täglich an mich selbst. Im Tagebuch die eigenen Stärken entdecken, München: Kosel.

Meier-Seethaler, Carola (1997): Gefühl und Urteilskraft. Ein Plädoyer für die emotionale Vernunft, München: Beck.

Moritz, Karl-Philipp (1785-1790, 1991): Anton Reiser. Ein psychologischer Roman, München: dtv.

Müller, Lothar (1987): Die kranke Seele und das Licht der Erkenntnis. Karl Philipp Moritz' Anton Reiser, Frankfurt/M.: Athenäum.

Muschg, Adolf (1981): Literatur als Therapie? Ein Exkurs über das Heilsame und das Unheilbare, Frankfurt/M.: Suhrkamp.

Noelle-Neumann, E. (1996): Stationen der Glücksforschung. Ein autobiographischer Beitrag. In: Bellebaum/ Muth (1996), S. 15 ff.

Petzold, Hilarion/ Orth, Ilse (Hrsg.) (1985): Poesie und Therapie. Über die Heilkraft der Sprache. Poesietherapie, Bibliotherapie, literarische Werkstätten, Paderborn: Junfermann.

Petzold, Hilarion G. (Hrsg.) (1995): Die Wiederentdeckung des Gefühls. Emotionen in der Psychotherapie und der menschlichen Entwicklung, Paderborn: Junfermann.

Progoff, I. (1975): At a Journal Workshop: The Basic Text and Guide, New York.

Rattner, Josef (2000): »Ich winselte einmal in der Nacht ... «. Kafka und das Vaterproblem, Krummwisch bei Kiel: Königsfurt (Darin S. 71-138: Kafka, Franz: Brief an den Vater).

Reuen, Sascha/ Schmitz, Ulrich (2000): Schule im Netz. In: Der Deutschunterricht 1, S. 23-32.

Rico, Gabriele (1999): Von der Seele schreiben. Im Prozeß des Schreibens den Zugang zu tiefverborgenen Gefühlen finden, Paderborn: Junfermann.

Rosenthal, Gabriele (1995): Erlebte und erzählte Lebensgeschichte. Gestalt und Struktur biographischer Selbstbeschreibungen, Frankfurt/New York: Campus.

Runkehl, Jens (2000): Literatur im Netz und Netzliteratur. In: Der Deutschunterricht 1, S. 33-44.

Schlobinski, Peter (2000): Neues Medium: Das Internet. In: Der Deutschunterricht 1, S. 3-10.

Schön, Erich (1996): Mentalitätsgeschichte des Leseglücks. In: Bellebaum/ Muth (1996), S. 151 ff.

Schönau, Walter (1991): Einführung in die psychoanalytische Literaturwissenschaft, Stuttgart: Metzlersche Verlagsbuchhandlung.

Schreber, Daniel Paul (1903, 1985): Denkwürdigkeiten eines Nervenkranken, Frankfurt/M.

Segal, Hanna (1996): Traum, Phantasie und Kunst, Stuttgart: Klett-Cotta.

Spinner, Kasper H. (1980): Identität und Deutschunterricht, Göttingen.

Stiftung Lesen/ Spiegel Verlag (Hrsg.) (2001): Leseverhalten in Deutschland im neuen Jahrtausend.

Straub, Stefan (2001): Kreativ-therapeutisches Schreiben mit jugendlichen Strafgefangenen, Münster: Edition am Rand.

Verlag des Deutschen Ärztinnenverbundes (Hrsg.) (1986): Kranke Kinder brauchen Bücher. Bibliotherapie in Theorie und Praxis, München.

Völker, Ludwig (1998): Schreiben als Therapeutikum? Überlegungen aus literaturwissenschaftlicher Sicht. In: Koch, Helmut H./ Keßler, Nicola (Hrsg.) (1998): Schreiben und Lesen in psychischen Krisen. Band 1: Gespräche zwischen Wissenschaft und Praxis, Bonn, Neumünster: Psychiatrie-Verlag, Paranus Verlag, S. 89-99.

Wagner-Egelhaaf, Martina (1997): Die Melancholie der Literatur. Diskursgeschichte und Textfiguration, Stuttgart: Metzler.

Walser, Martin (2001): Richtung Praxis. In: Keßler, Nicola (2001): Schreiben, um zu überleben. Studien zur Gefangenenliteratur, Mönchengladbach: Forum Verlag Godesberg, S. 9 f.

Werder, Lutz von (1994): Wissenschaftliche Texte kreativ lesen. Kreative Methoden für das Lernen an Hochschulen und Universitäten. Berlin, Milow: Schibri-Verlag.

Ders., (1996): erinnern – wiederholen – durcharbeiten. Die eigene Lebensgeschichte kreativ schreiben, Berlin, Milow: Schibri-Verlag.

Werder, Lutz von/ Schulte-Steinicke, Barbara (1998): Schreiben von Tag zu Tag. Wie das Tagebuch zum kreativen Begleiter wird. Übungen für Einzelne und Gruppen, Zürich, Düsseldorf: Walter.